新佳禾外语

★ 出国旅游、工作、学习、生活应急必备

地道韩国语 想说就说

主编／于晓璐

东南大学出版社
SOUTHEAST UNIVERSITY PRESS
·南京·

内 容 提 要

本书根据在国外旅游、工作、生活的各种场景,设置了若干最可能的对话,汇集了上千句常用的句子,以韩国语和汉语谐音注音,并配以速度得当的录音,以让零基础的人士一看就懂、一学就会、想说就说,以备不时之需。本书特别适用于韩国语零基础的人员短期出国旅游、生活、工作等使用。

图书在版编目(CIP)数据

地道韩国语想说就说 / 于晓璐主编. —南京:东南大学出版社,2016.3
（地道外语口语想说就说系列）
ISBN 978-7-5641-6399-0

Ⅰ.①地… Ⅱ.①于… Ⅲ.①朝鲜语—口语—自学参考资料 Ⅳ.①H559.4

中国版本图书馆 CIP 数据核字(2016)第 040645 号

地道韩国语想说就说

主　　编	于晓璐	责任编辑	刘　坚
		特邀编辑	张　烨
电　　话	(025)83793329/83790577(传真)		
电子邮件	liu-jian@seu.edu.cn		
出版发行	东南大学出版社	出 版 人	江建中
地　　址	南京市四牌楼2号(210096)	邮　编	210096
销售电话	(025)83794561/83794174/83794121/83795801		
	83792174/83795802/57711295(传真)		
网　　址	http://www.seupress.com		
电子邮件	press@seupress.com		
经　　销	全国各地新华书店		
印　　刷	南京新洲印刷有限公司		
开　　本	787mm×1092mm　1/32		
印　　张	8.25		
字　　数	183千字		
版　　次	2016年3月第1版第1次印刷		
书　　号	ISBN 978-7-5641-6399-0		
定　　价	15.00元		

* 未经许可,本书内文字不得以任何方式转载、演绎,违者必究。
* 本社图书若有印装质量问题,请直接与营销部联系。电话:025-83791830。

前 言

《地道韩国语想说就说》一书特别汇集了出行韩国必备的 1000 余句应急或日常的会话句子,涵盖了出行韩国各种各样的场景。每句话都很简短、管用,一看就懂,一读就会。另外还在后面追加了一些日常生活必备的常用词汇,并将其进行了合理的归类,是您轻松应急的实用之选。

为了让读者最大限度地利用日常零碎的时间进行学习,以提高韩语水平,我们特地在内容编辑、版式设计、声音录制等方面为读者考虑,特别邀请资深外教和标准普通话老师为每个句子进行中韩对照朗读配音。只要戴上耳机,就能轻松掌握应急句子。您可以在走路、跑步、搭车、乘船时,或站、或坐、或躺、或卧,随时听、随地听、反复听,轻松学习无极限!

总之,本书力求简明易懂、应急高效,让从零起点

学习的读者发音更为标准、地道,快速开口说韩语!相信本书能对您的出行大有帮助,祝您出行顺利,生活愉快!

本书编写过程中,王红、刘佳、卑琳、田秋月就词汇和句子的谐音反复斟酌,力求找到最能还原原语读音的谐音字;陈贵男、赵志清、蔡晓苏、孙玉梅、陈姗姗等负责原语和汉语谐音的录音的后期剪辑,使得本书能够最后成型并方便读者使用,在此深表谢意。

本书的听力音频文件可从 http://pan.baidu.com/s/1qWXPgCG 下载,也可扫描封底的二维码下载。

编者

附加说明:谐音中的下划线"＿＿＿"表示连读。

目录

发音入门篇 — 001

日常交际篇 — 004

1. 问候 ····· 005
2. 告别 ····· 008
3. 介绍 ····· 012
4. 喜好 ····· 018
5. 天气 ····· 023
6. 时间 ····· 029
7. 电话 ····· 033

情感交流篇 — 038

1. 感谢 ····· 039
2. 致歉 ····· 042
3. 喜悦 ····· 044
4. 悲伤 ····· 045
5. 表白 ····· 046
6. 生气 ····· 047
7. 后悔 ····· 048
8. 祝辞 ····· 049

幸福旅行篇 052

1. 签证 — 053
2. 预订 — 056
3. 登机 — 058
4. 行李 — 062
5. 入境 — 063

温馨入住篇 069

1. 登记 — 070
2. 服务 — 074
3. 退房 — 078

轻松出行篇 080

1. 步行 — 081
2. 出租车 — 083
3. 公共汽车 — 085
4. 地铁 — 087
5. 火车 — 089

美食品尝篇 093

1. 邀请 — 094
2. 点菜 — 096

- 3. 吃饭 ········· 101
- 4. 结账 ········· 105

购物消费篇 107

- 1. 商场 ········· 108
- 2. 化妆品店 ········· 114
- 3. 市场 ········· 116
- 4. 超市 ········· 120

休闲娱乐篇 121

- 1. 咨询 ········· 122
- 2. 观光 ········· 125
- 3. 酒吧 ········· 129
- 4. 电影 ········· 131
- 5. 唱歌 ········· 133

日常生活篇 138

- 1. 在银行 ········· 139
- 2. 在邮局 ········· 146
- 3. 在洗衣店 ········· 151
- 4. 在理发店 ········· 153
- 5. 在洗浴中心 ········· 156

- 6. 在医院 ………… 158
- 7. 在学校 ………… 165
- 8. 在公司 ………… 168

▌求助支援篇　172

- 1. 问路 ………… 173
- 2. 帮忙 ………… 175
- 3. 遭窃 ………… 177
- 4. 呼救 ………… 178
- 5. 警局 ………… 179
- 6. 语言不通 ………… 181

▌常用短句篇　185

- 1. 极短句 ………… 186
- 2. 惯用语 ………… 191

▌固定表达篇　194

▌单词必备篇　235

单元音

字母	ㅏ	ㅓ	ㅗ	ㅜ	ㅡ	ㅣ	ㅐ	ㅔ	ㅚ	ㅟ
读音	阿	凹	欧	乌	俄	一	哀	耶	歪	迂

双元音

字母	ㅑ	ㅕ	ㅛ	ㅠ	ㅒ	ㅖ	ㅘ	ㅙ	ㅝ	ㅞ	ㅢ
读音	压	药	右	哟	也	页	哇	歪	窝	歪	哀

辅音

字母	ㄱ	ㄴ	ㄷ	ㄹ	ㅁ	ㅂ	ㅅ	ㅇ	ㅈ	ㅊ	ㅋ	ㅌ	ㅍ	ㅎ	ㄲ	ㄸ	ㅃ	ㅆ	ㅉ
读音	哥	呢	的	丁	牟	连	丝	鞥	滋	疵	科	特	朴	喝	各	得	部	四	字

	ㄱ	ㄴ	ㄷ	ㄹ	ㅁ	ㅂ	ㅅ	ㅇ	ㅈ	ㅊ	ㅋ	ㅌ	ㅍ	ㅎ
ㅏ	가昝	나那	다咯	라拉	마妈	바巴	사仁	아阿	자匝	차擦	카喀	타他	파趴	하哈
ㅑ	갸哥压	냐呢压	댜咯压	랴丁压	먀摸压	뱌通压	샤夏	야压	쟈架	챠洽	캬科压	탸提压	퍄批压	햐喝压
ㅓ	거高	너妥	더刀	러捞	머猫	버包	서骚	어凹	저遭	처糙	커考	터捣	퍼抛	허蒿
ㅕ	겨哥腰	녀尿	뎌雕	려撩	며喵	벼彪	셔削	여腰	져浇	쳐锹	켜科腰	텨挑	펴飘	혀喝腰
ㅗ	고沟	노耨	도兜	로漏	모牟	보波	소瘦	오欧	조邹	초凑	코抠	토偷	포剖	호齁
ㅛ	교哥呦	뇨妞	됴丢	료溜	묘谬	뵤通呦	쇼休	요呦	죠揪	쵸秋	쿄科呦	툐踢呦	표批呦	효呴
ㅜ	구姑	누奴	두督	루噜	무牟	부逋	수苏	우乌	주租	추粗	쿠哭	투突	푸扑	후呼
ㅠ	규哥呦	뉴妞	듀丢	류溜	뮤牟	뷰通呦	슈休	유呦	쥬揪	츄秋	큐科呦	튜踢呦	퓨批呦	휴喝呦
ㅡ	그哥	느呢	드的	르丁	므牟	브通	스丝	으饿	즈滋	츠疵	크科	트特	프扑	흐喝
ㅣ	기哥一	니妮	디低	리哩	미咪	비逼	시西	이一	지机	치期	키科一	티踢	피批	히喝一

日常交际篇

1. 问候

韩文 안녕하세요?/안녕하십니까?
谐音 安娘哈腮呦/安娘哈西牟你尬
中文 你好。

韩文 환영합니다.
谐音 花娘哈牟你嗒
中文 欢迎!

韩文 오래간만이군요.
谐音 欧来肝妈妮孤拗
中文 好久不见。

韩文 우리 드디어 만나게 됐군요.
谐音 乌哩 的低凹 满那该杜埃孤拗
中文 我们终于见面了。

韩文 요즘 잘 지내고 있어요?
谐音 有滋牟 擦儿 机耐沟 一扫呦
中文 最近过得好吗?

韩文 근황이 어떠세요?
谐音 恳荒一 凹到腮呦
中文 近况如何?

韩文 잘 있어요.
谐音 擦儿 一扫呦
中文 很好。

韩文 덕분에 잘 있습니다.
谐音 涛遁耐 擦儿 一丝牟你嗒
中文 托您的福,过得很好。

韩文 그냥 그래요.
谐音 科娘 哥来呦
中文 马马虎虎。

韩文 요즘은 바쁘세요?
谐音 有滋闷 巴部腮呦
中文 最近忙吗?

韩文 많이 바쁜가 보네, 코빼기도 안 비쳐요.
谐音 马妮 巴奔旮 波耐 扣掰哥一兜 安 逼翘呦
中文 看起来很忙啊,也见不到人影。

韩文 어쩌다 니 소식 들었는데…
谐音 袄遭嗒 妮 艘西 的捞嫩带
中文 偶尔才有你的消息。

韩文 그리 바쁘지 않습니다.
谐音 科哩 巴部机 安丝牟你嗒
中文 不太忙。

韩文 천만의 말씀입니다.
谐音 岑妈耐 马儿丝咪牟你嗒
中文 哪儿的话。

韩文 아무 때나 오셔도 괜찮습니다.
谐音 阿牟 带那 欧削兜 观参丝牟你嗒
中文 您什么时候来都欢迎。

韩文 오시느라고 수고많았습니다.
谐音 欧西呢拉沟 苏沟马那丝牟你嗒
中文 一路上辛苦了。

韩文 중국(한국) 방문을 환영합니다.
谐音 宗孤（憨孤）帮牟呢儿 欢娘哈牟你嗒
中文 欢迎您来中国(韩国)访问。

韩文 이번 회의에 참석하신 것을 환영합니다.
谐音 一奔 恢一耶 参牟臊喀新 高色儿 欢娘哈牟你嗒
中文 欢迎您出席这次会议。

> 韩文 찾아주셔서 매우 기쁘게 생각합니다.
> 谐音 擦匹组笑骚 买乌 哥一部该 三咯喀牟你嗒
> 中文 对于您的光临，我们感到很高兴。

2. 告别

> 韩文 오래 있었습니다. 가봐야 하겠습니다.
> 谐音 欧来 一骚丝牟你嗒 卡巴呀 哈该丝牟你嗒
> 中文 时间不早了，我得走了。

> 韩文 날이 이미 늦었네요.
> 谐音 那哩 一咪 呢遭奈呦
> 中文 天色已晚。

> 韩文 좀 더 노시다 가세요.
> 谐音 奏 到 耨西嗒 咯腮呦
> 中文 再坐一会儿吧。

> 韩文 또 오세요.
> 谐音 斗 欧腮呦
> 中文 欢迎您再来。

> 韩文 자주 놀러 오세요.
> 谐音 擦租 耨儿捞 欧腮呦
> 中文 常来玩。

韩文 잘 가세요.
谐音 擦儿 旮腮呦
中文 请慢走。

韩文 잠시 후에 봅시다.
谐音 擦牟西 呼耶 波逋西嗒
中文 一会儿见。

韩文 몸 조심하세요.
谐音 某牟 邹西马腮呦
中文 请多保重。

韩文 이렇게 빨리 가십니까? 좀 더 노시면 좋겠는데요.
谐音 一捞开 爸儿哩 旮西牟你尬 奏 到 耨西妙恩 邹该嫩带呦
中文 这么快就走了，再待些天多好啊。

韩文 오늘 잘 놀다 갑니다.
谐音 欧呢儿 擦儿 耨儿嗒 旮牟你咯
中文 今天玩得很好。

韩文 기회가 되면 우리 집에 놀러 오세요.
谐音 科一恢旮 社埃 妙恩 乌哩 机辨 耨儿捞 欧腮呦
中文 有机会也到我家去玩。

韩文 다음에 또 놀러 올게요.
谐音 他俄牟卖 斗 耨儿捞 欧儿该呦

中文 下次再过来玩。

韩文 제 안부를 전해 주세요.
谐音 才 安遢呢儿 早耐 组腮呦
中文 请代我问候他们。

韩文 언제 떠납니까?
谐音 凹恩栽 到那牟你尬
中文 何时动身?

韩文 꼭 전해 드리겠습니다.
谐音 购 早耐 的哩该丝牟你嗒
中文 我一定转告。

韩文 더 나오지 마세요.
谐音 涛 哪欧机 马腮呦
中文 请留步!

韩文 어서 돌아가세요.
谐音 袄骚 兜拉卡腮呦
中文 请回吧。

韩文 안녕히 가세요.
谐音 安娘一 卡腮呦

中文 再见。（主人对客人说）

韩文 안녕히 계세요.
谐音 安娘一 开腮呦
中文 再见。（客人对主人说）

韩文 잘 가요.
谐音 擦儿 旮呦
中文 再见。（主人说的话）

韩文 조심히 가세요.
谐音 凑西咪 旮腮呦
中文 路上小心。（主人说的话）

韩文 다음에 또 보자.
谐音 塔俄卖 斗 波匝
中文 下次再见。

韩文 연락 좀 하고 살자.
谐音 腰儿拉 奏 哈沟 仨儿匝
中文 常联系。

韩文 그럼 내일 봅시다.
谐音 科捞牟 耐一儿 波逋西嗒
中文 那我们明天见。

- 韩文 회사에서 봅시다.
- 谐音 恢仁耶臊 波遢西嗒
- 中文 公司见。

3. 介绍

- 韩文 제 소개를 하겠습니다.
- 谐音 采 艘该了儿 哈该丝牟你嗒
- 中文 我来介绍一下。

- 韩文 자기소개를 하겠습니다.
- 谐音 擦哥一艘该了儿 哈该丝牟你嗒
- 中文 自我介绍一下。

- 韩文 …(이)라고 불러 주세요.
- 谐音 …(一)拉沟 逋儿捞 租腮呦
- 中文 请叫我……

- 韩文 제 이름은 …입니다.
- 谐音 猜 一了闷 … 一牟你嗒
- 中文 我叫……

- 韩文 철수 씨 아세요?
- 谐音 糙儿苏 西 阿腮呦
- 中文 你认识哲洙吗?

韩文 이것은 제 명함입니다.

谐音 一高森 栽 名哈咪牟你嗒

中文 这是我的名片。

韩文 이쪽은 저의 아버지(어머니, 아내, 딸, 아들, 친구)입니다.

谐音 一奏根 遭爱 阿包机（袄猫妮, 阿耐, 大儿, 阿的儿, 亲孤）一牟你嗒

中文 这是我的父亲（母亲、妻子、女儿、儿子、朋友）。

韩文 처음 뵙겠습니다.

谐音 草俄牟 掰该丝牟你嗒

中文 初次见面。

韩文 만나서 반갑습니다.

谐音 满那骚 班旮丝牟你嗒

中文 见到您很高兴。

韩文 잘 부탁드립니다.

谐音 擦儿 普他的哩牟你嗒

中文 请多多关照。

韩文 존함은 오래 전에 들었어요.

谐音 村哈闷 欧来 遭奈 的捞扫呦

中文 久仰大名。

韩文 말씀 많이 들었습니다.
谐音 妈儿 丝牟 马妮 的捞丝牟你嗒
中文 听说过您。

韩文 나이가 어떻게 돼요?
谐音 哪一旮 袄到开 杜埃呦
中文 你多大了?

韩文 올해 20살입니다.
谐音 欧来 丝牟仨哩牟你嗒
中文 我20岁。

韩文 중국 어디에 거주하고 있습니까?
谐音 宗孤 袄地耶 高租哈沟 一丝牟你尬
中文 你住在中国什么地方?

韩文 제가 살고 있는 곳은 광주입니다.
谐音 采旮 仨儿沟 因嫩 沟森 光租一牟你嗒
中文 我现在住在广州。

韩文 중국 어디에서 왔습니까?
谐音 宗孤 袄地耶噪 挖丝牟你尬
中文 你从中国什么地方来的?

韩文 저는 대련에서 왔어요.

- **谐音** 草嫩 呆撩耐骚 挖扫呦
- **中文** 我来自中国大连。

- **韩文** 학생이에요? 회사원이에요?
- **谐音** 哈三一耶呦 恢仨窝妮耶呦
- **中文** 你是学生还是工作了?

- **韩文** 서울대학교에 재학중입니다.
- **谐音** 骚乌儿呆哈哥优耶 栽哈宗一牟你嗒
- **中文** 现在是大田大学的学生。

- **韩文** 저는 회사를 다니고 있습니다.
- **谐音** 草嫩 恢仨了儿 嗒妮沟 一丝牟你嗒
- **中文** 我现在在公司上班。

- **韩文** 무슨 일을 합니까?
- **谐音** 牟森 一了儿 哈牟你尬
- **中文** 你做什么工作?

- **韩文** 공무원(회사직원, 선생, 학생)입니다.
- **谐音** 空木温(恢仨机滚, 森三, 哈三)一牟你嗒
- **中文** 是公务员(公司职员、教师、学生)。

- **韩文** 전공이 무엇이에요?
- **谐音** 增公一 牟袄西耶呦

中文 你是学什么的？

韩文 문과계열(이과계열)을 배웁니다.
谐音 们瓜该腰（一瓜该腰）了儿 掰乌牟你嗒
中文 学文科（理工科）的。

韩文 한국에 처음 오셨어요?
谐音 憨孤该 糙俄牟 呕笑扫呦
中文 你是第一次来韩国吗？

韩文 네, 처음입니다.
谐音 奈 糙俄咪牟你嗒
中文 是的，是第一次。

韩文 아니오, 3번째입니다.
谐音 阿妮欧 腮奔在一牟你嗒
中文 不是，是第三次。

韩文 중국에 가 본 적이 있어요?
谐音 宗孤该 旮奔 遭哥一 一扫呦
中文 你去过中国吗？

韩文 가족이 몇 명이에요?
谐音 喀邹哥一 秒 名一耶呦
中文 你家里有几口人？

韩文 …명입니다. 아버지, 어머니(아내, 아들, 딸)과 저입니다.

谐音 …名一牟你嗒 阿包机, 袄猫妮, 阿耐(阿的儿, 大儿) 瓜 遭一牟你嗒

中文 ……口人。爸爸、妈妈(妻子、儿子、女儿)和我。

韩文 남자친구(여자친구)가 있어요?

谐音 南匝亲孤(咬匝亲孤) 旮 一扫呦

中文 有男朋友(女朋友)吗?

韩文 저는 결혼할 사람이 있어요.

谐音 草嫩 科腰漏哪儿 伩拉咪 一扫呦

中文 我有对象了。

韩文 결혼 했어요?

谐音 科腰 漏恩 嗨扫呦

中文 你结婚了吗?

韩文 네, 결혼하였습니다.

谐音 奈 科腰漏哪腰丝牟你嗒

中文 是的,结婚了。

韩文 결혼하지 않았습니다. 독신입니다.

谐音 科腰漏那机 阿那丝牟你嗒 兜西妮牟你嗒

中文 没结婚,是独身。

韩文 저는 부인(남편)이 있습니다.
谐音 草嫩 逋因（南飘恩） 一丝牟你嗒
中文 我有爱人。

韩文 아이는 있어요?
谐音 阿一嫩 一扫呦
中文 你有小孩吗?

韩文 아이는 몇 살이에요?
谐音 阿一嫩 秒 仨哩耶呦
中文 小孩几岁了?

4. 喜好

韩文 취미는 뭐예요?
谐音 屈咪嫩 摸也呦
中文 你的爱好是什么?

韩文 독서 (음악, 악기, 우표모으기, 촬영, 인터넷채팅, 체육)입니다.
谐音 偷骚（俄妈，阿哥一，乌飘某俄哥一，擦撩肮，因特耐猜听，猜优）一牟你嗒
中文 看书（音乐、乐器、集邮、摄影、上网聊天、体育）。

韩文 평소에 뭐 좋아하세요?
谐音 飘肮艘耶 摸 邹阿哈腮呦
中文 平时喜欢做什么?

韩文 전 여행을 좋아하지만, 자주 돌아 다니진 않아요.
谐音 草恩 腰航儿 邹阿哈机慢 匝租 兜拉 嗒妮金 阿那呦
中文 喜欢旅游,但不经常出去转悠。

韩文 저는 요리하는 걸 좋아해요.
谐音 草嫩 腰哩哈嫩 高儿 邹阿嗨呦
中文 我喜欢做菜。

韩文 주로 인터넷을 하면서 시간을 보내요.
谐音 组漏 因涛耐色儿 哈妙恩骚 西沓呢儿 波耐呦
中文 我一般上网打发时间。

韩文 좋아하는 운동은 뭐예요?
谐音 凑阿哈嫩 温东恩 摸也呦
中文 喜欢什么运动?

韩文 제일 좋아하는 운동은 무엇입니까?
谐音 采一儿 邹阿哈嫩 温东恩 木凹西牟你尬
中文 您最喜爱的体育运动是什么?

韩文 어느 스포츠를 좋아하십니까?
谐音 袄呢 丝剖疵了儿 邹阿哈西牟你尬
中文 爱好哪些体育运动?

韩文 가장 잘하는 스포츠종목은 무엇입니까?
谐音 卡脏 匡拉嫩 丝剖疵宗哞根 牟凹西牟你尬
中文 最擅长的体育项目是什么?

韩文 축구를 가장 좋아하는데 잘하지는 못 해요.
谐音 粗估了儿 旮脏 邹阿哈嫩带 匡拉机嫩 某 胎呦
中文 我最喜爱足球,但是踢不好。

韩文 나는 호나우드 팬이야.
谐音 哪嫩 鮈呐乌的 拍妮呀
中文 我是罗纳尔多的球迷。

韩文 저는 탁구를 가장 잘 칩니다.
谐音 草嫩 他孤了儿 旮脏 擦儿 期牟你嗒
中文 我最擅长打乒乓球。

韩文 겨울에 스케이팅을 좋아하고 여름에 바닷가에 가서 수영하길 좋아합니다.
谐音 科腰乌来 丝开一听儿 邹阿哈沟 腰了卖 巴嗒旮耶 旮骚 苏杨哈哥一儿 邹阿哈牟你嗒
中文 冬天我喜欢滑冰,夏天喜欢去海边游泳。

韩文 저는 업무가 바빠서 스포츠 활동에 참가할 시간이 없습니다.

谐音 草嫩 袄牟合 巴爸骚 丝剖疵 花儿东耶 擦牟合哈儿 西合妮 袄丝牟你嗒

中文 我工作很忙,没有时间参加体育活动。

韩文 저는 요즘 다이어트를 하고 있습니다.

谐音 草嫩 腰滋牟 嗒一凹特了儿 哈沟 一丝牟你嗒

中文 最近我正在减肥。

韩文 몸매를 날씬하게 유지시켜 줄 뿐만 아니라 신체도 단련하지요.

谐音 某卖了儿 那儿西那该 有机西科腰 组儿 部慢 阿妮拉 新猜兜 嗒儿撩哪机呦

中文 既能保持身材苗条,又锻炼了身体。

韩文 무슨 음악을 좋아하세요?

谐音 牟森 俄妈各儿 邹阿哈腮呦

中文 喜欢什么音乐?

韩文 클래식(재즈, 가요, 락)을 좋아해요.

谐音 科儿来西(栽滋,合腰,拉)儿 邹阿嗨呦

中文 喜欢古典(爵士,流行,摇滚)音乐。

韩文 무슨 영화를 좋아하세요?

谐音 牟森 英花了儿 邹阿哈腮呦

中文 喜欢什么电影?

韩文 액션 영화를 좋아해요.
谐音 哀消 英花了儿 邹阿哈腮呦
中文 我喜欢动作片。

韩文 한국음식을 좋아하세요?
谐音 憨孤哥牟西各儿 邹阿哈腮呦
中文 你喜欢吃韩国饭菜吗?

韩文 너무 좋아해요.
谐音 恼木 邹阿嗨呦
中文 非常喜欢。

韩文 그닥 좋아하지 않아요.
谐音 科嗒 邹阿哈机 阿那呦
中文 不太喜欢。

韩文 저는 매운 것을 좋아합니다.
谐音 草嫩 买温 高色儿 邹阿哈牟你嗒
中文 我喜欢吃辣的东西。

韩文 중국요리를 먹어 본 적이 있으세요?
谐音 宗孤腰哩了儿 猫高 奔 遭哥一 一丝腮呦
中文 你吃过中国菜吗?

韩文 무슨 중국요리를 좋아해요?
谐音 牟森 宗孤腰哩了儿 邹阿嗨呦

中文 你喜欢吃什么中国菜?

韩文 물만두(라면)를 좋아합니다.
谐音 木儿慢督（拉面）了儿 邹阿哈牟你嗒
中文 喜欢吃饺子（拉面）。

韩文 기회가 있으면 중국에 놀러 오세요.
谐音 科一恢旮 一丝妙恩 宗孤该 耨儿 捞 欧腮呦
中文 有机会请到中国来玩。

韩文 이것은 저의 주소(전화번호, 이메일 주소)입니다. 중국에 오면 연락하세요.
谐音 一高森 遭爱 租骚（早奴阿包耨，一卖一儿租艘）一牟你嗒 宗孤该 欧妙恩 腰儿拉喀腮呦
中文 这是我的住址（电话号码、电子邮件信箱），来中国的话，请跟我联系。

5. 天气

韩文 오늘 날씨 어때요?
谐音 欧呢儿 那儿西 袄带呦
中文 今天天气怎么样?

韩文 일기예보를 들었어요?

谐音 一儿 哥一也波了儿 的捞扫呦
中文 你听天气预报了吗？

韩文 들었어요./안 들어요.
谐音 的捞扫呦/安 的捞呦
中文 听了。/没听。

韩文 일기예보에 의하면 내일 대체적으로 기온이 내린다고 합니다.
谐音 一儿 哥一也波耶 一哈妙恩 耐一儿 待猜遭各漏 哥一欧妮 耐淋嗒沟 喀牟你嗒
中文 天气预报说，明天会普遍降温。

韩文 오늘은 흐리다가 개는데 비는 오지 않아요.
谐音 欧呢了恩 喝哩嗒旮 该嫩带 逼嫩 欧机 阿那呦
中文 今天阴转晴，没有雨。

韩文 바람이 불어요.
谐音 趴拉咪 逋捞呦
中文 刮风。

韩文 2~3급의 서남풍이 붑니다.
谐音 突腮哥掰 骚南烹一 逋牟你嗒
中文 刮二~三级西南风。

韩文 비가 와요.
谐音 批аp 挖呦
中文 下雨。

韩文 화창해요.
谐音 花仓嗨呦
中文 天气好。

韩文 맑은 날씨예요.
谐音 妈儿跟 那儿西也呦
中文 韩国天气怎么样?

韩文 섭씨23도예요.
谐音 骚西 一西三牟斗也呦
中文 23摄氏度。

韩文 구름이 잔뜩 끼었어요.
谐音 哭了咪 簪的 各一凹扫呦
中文 乌云密布。

韩文 천둥이 쳤어요.
谐音 岑东一 敲扫呦
中文 打雷了。

韩文 번개 치면서 소나기가 내렸어요.
谐音 喷该 期妙恩朦 艘那哥一卒 耐撩扫呦
中文 闪电了，下雨了。

韩文 장마가 시작돼요.
谐音 脏妈卒 西匹杜埃呦
中文 阴雨季节开始了。

韩文 내일 날씨 어때요?
谐音 耐一儿 哪儿西 祆带呦
中文 明天天气怎么样？

韩文 내일 날씨는 매우 좋아요.
谐音 耐一儿 哪儿西嫩 买乌 邹阿呦
中文 明天天气非常好。

韩文 오늘 더워요(추워요, 시원해요, 습해요).
谐音 欧呢儿 到窝呦（粗窝呦 西窝耐呦 丝拍呦）
中文 今天天热（冷、凉快、潮）。

韩文 숨이 막힐 정도로 덥습니다.
谐音 苏咪 马科一儿 增兜漏 到丝牟你嗒
中文 天热得人都喘不过气来。

韩文 내일 비가 온대요.

>谐音< 耐一儿 逼呑 欧恩带呦
>中文< 明天要下雨啊!

>韩文< 태풍이 분다고 했어요.
>谐音< 胎烹一 奔嗒沟 嗨扫呦
>中文< 听说刮台风了。

>韩文< 최고기온은 몇 도입니까?
>谐音< 促癌沟哥一欧嫩 秒 兜一牟你尬
>中文< 最高气温是多少度?

>韩文< 최고기온은 섭씨 10도입니다.
>谐音< 促癌购哥一欧嫩 扫西 西斗一牟你嗒
>中文< 最高气温是10摄氏度。

>韩文< 여기 여름은 덥습니까?
>谐音< 腰哥一 腰了闷 到丝牟你尬
>中文< 夏天这里热吗?

>韩文< 저는 비 오는 날을 싫어해요.
>谐音< 草嫩 逼 欧嫩 哪了儿 西捞嗨呦
>中文< 我讨厌下雨天。

>韩文< 베이징보다 서울이 더 덥습니까?

日常交际篇

027

谐音 掰一京波嗒 骚乌哩 到 到丝牟你尬
中文 首尔比北京热吗？

韩文 서울의 봄은 비교적 따뜻해요.
谐音 骚乌来 波闷 比哥优早 大的胎呦
中文 首尔春天比较暖和。

韩文 서울은 가을이 제일 좋은 계절입니다.
谐音 骚乌了恩 卡俄哩 采一儿 邹恩 该遭哩牟你嗒
中文 首尔的秋天是最好的季节。

韩文 날씨가 벌써 추워지기 시작했습니다.
谐音 那儿西卡 包儿腺 粗窝机哥一 西匝开丝牟你嗒
中文 天气已经冷起来了。

韩文 겨울이 오네요.(봄, 여름, 가을)
谐音 科腰乌哩 欧耐呦 （波牟，腰了牟，卡儿）
中文 冬天来了。（春天，夏天，秋天）

韩文 벌써 서리가 내려요.
谐音 包儿骚 骚哩卡 奈撩呦
中文 已经挂霜了。

韩文 눈이 내려요.
谐音 奴妮 奈撩呦

中文 下雪了。

韩文 안개가 껴요.
谐音 安该旮 哥腰呦
中文 下雾了。

6. 时间

韩文 지금 몇 시예요?
谐音 期哥牟 秒 西也呦
中文 现在几点?

韩文 지금 정각 5시입니다.
谐音 起哥牟 增旮 嗒骚西一牟你嗒
中文 现在正好5点。

韩文 제 시계가 빠릅니다.
谐音 采 西该旮 爸了牟你嗒
中文 我手表快。

韩文 오늘은 몇 일입니까?
谐音 欧呢了恩 秒 一哩牟你尬
中文 今天几号?

韩文 12월 25일입니다.
谐音 西逼乌儿 一西波一哩牟你嗒
中文 12月25号。

韩文 오늘은 무슨 요일입니까?
谐音 欧呢了恩 牟森 腰一哩牟你尬
中文 今天是星期几?

韩文 토요일입니다.
谐音 偷腰一哩牟你嗒
中文 是星期六。

韩文 아침에 몇 시에 일어납니까?
谐音 阿期卖 秒 西耶 一捞哪牟你尬
中文 早上几点起床?

韩文 아침 6시에 일어납니다.
谐音 阿期牟 咬臊西耶 一捞哪牟你嗒
中文 6点起床。

韩文 저녁 몇 시에 잠을 잡니까?
谐音 草鸟 秒 西耶 匝木儿 匝牟你尬
中文 晚上几点睡觉?

韩文 11시에 잠을 잡니다.

>谐音 咬兰西耶 匝木儿 匝牟你嗒
>中文 11点睡觉。

>韩文 몇 시에 출근하십니까?
>谐音 秒 西耶 出儿哥哪西牟你尬
>中文 几点上班?

>韩文 8시 반에 출근해요.
>谐音 咬到儿西 巴耐 出儿哥耐呦
>中文 8点半上班。

>韩文 몇 시에 퇴근해요?
>谐音 秒 西耶 土爱哥耐呦
>中文 几点下班?

>韩文 5시에 퇴근해요.
>谐音 塔骚西耶 土爱哥耐呦
>中文 5点下班。

>韩文 하루에 몇 시간씩 근무해요?
>谐音 哈噜耶 秒 西肝细 根木嗨呦
>中文 一天工作几小时?

>韩文 하루에 8 시간씩 근무해요.
>谐音 哈噜耶 咬到儿 西肝细 根木嗨呦

中文 一天工作8小时。

韩文 언제 회의를 합니까?
谐音 袄恩在 恢一了儿 哈牟你尬
中文 什么时候开会?

韩文 월요일에 회의를 합니다.
谐音 窝溜一来 恢一了儿 哈牟你嗒
中文 星期一开会。

韩文 언제 출장 가세요?
谐音 恩在 出儿脏 夻腮呦
中文 什么时候出差?

韩文 10월 3일입니다.
谐音 西波儿 仨咪哩牟你嗒
中文 10月3号。

韩文 얼마동안 출장 가세요?
谐音 袄儿妈东安 粗儿脏 夻腮呦
中文 出差多长时间?

韩文 약 7일정도 출장갑니다.
谐音 呀 期哩儿增兜 粗儿脏夻牟你嗒
中文 大概七天。

> 韩文 언제 돌아오십니까?
> 谐音 恩在 兜拉欧西牟你尬
> 中文 什么时候回来?

> 韩文 아마 다음 달에 돌아올 거예요.
> 谐音 阿妈 嗒俄牟 嗒来 兜拉欧儿 高也呦
> 中文 大概下个月回来。

> 韩文 주말에 뭘 해요?
> 谐音 粗妈来 木儿 嗨呦
> 中文 周末干什么?

> 韩文 주말에 집에 돌아갑니다.
> 谐音 粗玛来嫩 机掰 抖拉旮牟你嗒
> 中文 周末回家。

7. 电话

> 韩文 여보세요. …입니까?
> 谐音 腰波腮呦 …一牟你尬
> 中文 喂。是……吗?

> 韩文 여보세요, 어디십니까?
> 谐音 腰波腮呦 袄地西牟你尬
> 中文 喂,你是哪里?

韩文 누구세요?
谐音 奴孤腮呦
中文 你是谁?

韩文 권 선생님 댁이에요?
谐音 滚 森三妮 呆哥一耶呦
中文 是权先生家吗?

韩文 그렇습니다, 누구를 찾습니까?
谐音 科捞丝牟你嗒 奴孤了儿 擦丝牟你尬
中文 是的，您找谁啊?

韩文 권 선생님 좀 바꿔 주세요.
谐音 滚 森三妮 奏 巴郭 组腮呦
中文 请找一下权先生.

韩文 권 선생님은 지금 안 계시는데요?
谐音 滚 森三妮闷 机各牟 安 该西嫩带呦
中文 权老师不在吗?

韩文 잠깐만 기다리세요.
谐音 参肝慢 各一嗒哩腮呦
中文 请稍等。

韩文 저입니다.

>谐音 草一牟你嗒
>中文 我就是。

>韩文 지금 통화중입니다.
>谐音 起各牟 通花宗一牟你嗒
>中文 他正在接电话。

>韩文 죄송합니다. 잘못 거신 것 같네요.
>谐音 粗爱松哈牟你嗒 擦儿牟 高新 高 旮耐呦
>中文 对不起,你好像打错了。

>韩文 이 시간에 전화를 해서 죄송합니다.
>谐音 一 西旮奈 遭奴阿 了儿 嗨骚 粗爱松哈牟你嗒
>中文 这个时间给您打电话,真是不好意思。

>韩文 다음에 다시 전화하겠습니다.
>谐音 嗒额卖 嗒西 遭奴阿哈该丝牟你嗒
>中文 下次我再打电话。

>韩文 그 분이 돌아오시면 저에게 전화를 해 달라고 전해 주세요.
>谐音 科 逋妮 兜拉欧西妙恩 遭耶该 遭奴阿 了儿 嗨 嗒儿拉沟 遭耐 组腮呦
>中文 那请您转告他,回来以后给我回个电话。

韩文 전화번호는 몇 번입니까?
谐音 草奴阿包耨嫩 秒 包 妮牟你尬
中文 您的电话是多少?

韩文 국제전화를 걸고 싶은데요.
谐音 孤在遭奴阿 了儿 高儿沟 西喷带呦
中文 我要打国际长途。

韩文 이 전화를 어떻게 겁니까?
谐音 一 遭奴阿 了儿 袄到开 高牟你尬
中文 这个电话怎么打?

韩文 좀 크게 말씀하세요. 잘 들리지 않습니다.
谐音 奏 科该 马儿丝马腮呦 擦儿 的儿哩机 安丝牟你嗒
中文 请大点儿声,我听不清楚。

韩文 전화요금은 어떻게 지불하시겠습니까?
谐音 草奴阿呦哥闷 袄到开 机逋拉西该丝牟你尬
中文 电话费怎么付?

韩文 여기서 낼게요.
谐音 腰哥一骚 耐儿该呦
中文 我来付。

韩文 수신자 부담으로 해 주세요.
谐音 苏新匝 浦嗒牟漏 嗨 组腮呦
中文 对方付费。

韩文 전화번호를 말씀해 주세요.
谐音 遭奴啊包耨了儿 马儿丝卖 组腮呦
中文 请告诉我电话号码。

韩文 중국 베이징 123-4567번입니다.
谐音 宗孤 掰一京 一里三牟-萨欧又期儿包妮牟你嗒
中文 中国北京123-4567。

韩文 끊지 말고 기다려 주세요.
谐音 根机 马儿购 哥一嗒撩 组腮呦
中文 请稍等,别挂电话。

韩文 시내 전화는 어떻게 하죠?
谐音 西耐 遭奴阿嫩 袄到开 哈就
中文 市内电话怎么打?

情感交流篇

1. 感谢

韩文 고맙습니다.
谐音 口妈丝牟你嗒
中文 谢谢。

韩文 감사합니다.
谐音 康仁哈牟你嗒
中文 感谢。

韩文 매우 고맙습니다.
谐音 买乌 沟妈丝牟你嗒
中文 非常感谢。

韩文 대단히 감사합니다.
谐音 胎嗒妮 康仁哈牟你嗒
中文 非常感谢。

韩文 황송히 받겠습니다.
谐音 荒松一 巴该丝牟你嗒
中文 惶恐地接受。

韩文 감격해 마지 않습니다.
谐音 卡牟 哥腰开 马机 安丝牟你嗒
中文 感激不尽。

情感交流篇

韩文 천만해요.
谐音 岑妈耐呦
中文 应该的。

韩文 협조해 주셔서 대단히 감사합니다.
谐音 喝腰奏嗨 组消骚 呆嗒妮 康仁哈牟你嗒
中文 多谢合作。

韩文 신경 써 줘서 고마워요.
谐音 新哥央 朦 佐骚 呆嗒妮 口妈窝呦
中文 您费心了，谢谢。

韩文 매우 유쾌합니다.
谐音 买乌 优快哈牟你嗒
中文 我感到很愉快。

韩文 정말 좋으신 분입니다.
谐音 聪妈儿 邹俄新 逋妮牟你嗒
中文 您真好。

韩文 선생님의 호의를 입었습니다.
谐音 森三妮卖 齁一了儿 一包丝牟你嗒
中文 承蒙您的好意。

韩文 여러분이 정말 세심하게 준비하셨군요.
谐音 腰捞逋妮 聪妈儿 腮西妈该 尊逼哈消姑拗

中文 你们安排得真周到。

韩文 이 선물은 매우 아름답습니다.
谐音 一 森牟了恩 买乌 阿了牟嗒丝牟你嗒
中文 这件礼物很漂亮。

韩文 저를 맞이하러 공항(정거장)에 와 주셔서 감사합니다.
谐音 草了儿 马期哈捞 空航（增高脏）耶 挖 组消失骚 康仁哈牟你嗒
中文 谢谢您来机场（车站）迎接我。

韩文 친절한 환대에 감사합니다.
谐音 亲遭兰 欢呆耶 康仁哈牟你嗒
中文 感谢你们的盛情款待。

韩文 도움을 자주 받습니다.
谐音 偷乌摸儿 匣租 巴丝牟你嗒
中文 经常承蒙关照。

韩文 필요하면 언제든지 말만 해.
谐音 批溜哈妙恩 恩栽灯机 妈儿慢 嗨
中文 需要的话，随时和我说。

韩文 별 말씀들 다 하십니다.
谐音 飘儿 妈儿丝的儿 嗒 哈西牟你嗒
中文 不敢当。

情感交流篇

2. 致歉

韩文 죄송합니다.
谐音 促癌松哈牟你嗒
中文 很抱歉。

韩文 미안합니다.
谐音 米阿哪牟你嗒
中文 对不起。

韩文 괜찮습니다.
谐音 款参丝牟你嗒
中文 没关系。

韩文 죄송하게 생각합니다.
谐音 促癌松哈该 三卡喀牟你嗒
中文 过意不去。

韩文 정말 미안합니다./죄송합니다.
谐音 聪妈儿 米阿哪牟你嗒/促癌松哈牟你嗒
中文 非常抱歉。

韩文 양해해 주십시오.
谐音 央嗨嗨 组西遁休
中文 请原谅。

韩文 오래 기다리게 하였습니다.
谐音 欧来 哥一嗒哩该 哈腰丝牟你嗒
中文 让您久等了。

韩文 지각하여서 죄송합니다.
谐音 起旮喀腰骚 促癌松哈牟你嗒
中文 迟到了，对不起。

韩文 죄송하지만 먼저 일어나겠습니다.
谐音 粗爱松哈机慢 们遭 一捞那该丝牟你嗒
中文 饶了我吧。

韩文 개의치 마십시오.
谐音 开一期 马西遛休
中文 别在意。

韩文 그만 화를 푸세요.
谐音 科慢 花了儿 扑腮呦
中文 别生气了。

韩文 나를 용서해 주세요.
谐音 哪了儿 勇骚嗨 租腮呦
中文 饶了我吧。

韩文 다 제 탓입니다.

情感交流篇

谐音 塔 栽 他西牟你嗒
中文 都是我的错。

3. 喜悦

韩文 오늘은 기분이 참 좋아요.
谐音 欧呢了恩 哥一逋妮 擦牟 邹阿呦
中文 今天心情真好。

韩文 이 좋은 날에 한턱 쏘는 게 도리잖아요?
谐音 一 邹恩 哪来 憨涛 艘嫩 该 兜哩匝哪呦
中文 这么好的日子应该请客才对。

韩文 기뻐서 입을 다물지 못하네요.
谐音 科一报骚 一遍儿 嗒牟儿机 牟他耐呦
中文 高兴得嘴都合不上了。

韩文 오늘은 기분이 짱이야.
谐音 欧呢了恩 哥一逋妮 脏一呀
中文 今天的心情真是爽。

韩文 기뻐서 입이 귀에 걸렸어요.
谐音 科一报骚 一逼 哥迀耶 高儿撩扫呦
中文 嘴都咧到耳朵根了。

>韩文 잘 됐네요.
>谐音 擦儿 杜爱耐呦
>中文 太好了。

4. 悲伤

>韩文 가슴이 아파요.
>谐音 喀丝咪 阿趴呦
>中文 心里很难过。

>韩文 울고 싶어요.
>谐音 乌儿沟 西抛呦
>中文 我想哭。

>韩文 슬픔의 극치입니다.
>谐音 丝儿扑卖 哥期一牟你嗒
>中文 我难过到极点。

>韩文 마음이 찢어지는 것 같아요.
>谐音 马俄咪 寄遭机嫩 高 旮他呦
>中文 我的心都碎了。

>韩文 이렇게 눈물이 나오기는 처음입니다.
>谐音 一捞开 奴恩牟哩 哪欧哥一嫩 槽俄咪牟你嗒
>中文 第一次这么哭。

韩文 희망이 없어요.
谐音 恢忙一 凹扫呦
中文 没希望了。

5. 表白

韩文 사랑해요.
谐音 仁朗嗨呦
中文 我爱你。

韩文 당신을 좋아해요.
谐音 汤西呢儿 邹阿嗨呦
中文 我喜欢你。

韩文 보고 싶어요.
谐音 波沟 西抛呦
中文 我想你。

韩文 첫눈에 반했습니다.
谐音 岑奴耐 巴耐丝牟你嗒
中文 我对你一见钟情。

韩文 우리 사귑시다.
谐音 乌哩 仁归逋西嗒
中文 我们交往吧。

韩文 저는 당신을 떠날 수가 없습니다.
谐音 草嫩 汤西呢儿 到哪儿 苏卡 凹丝牟你嗒
中文 我离不开你。

6. 生气

韩文 저 화났어요.
谐音 草 花那扫呦
中文 我生气了。

韩文 내 일에 상관하지 마.
谐音 耐 一来 桑刮哪机 马
中文 别管我的事。

韩文 분에 치떨고 있어요.
谐音 扑耐 期到儿沟 一扫呦
中文 正在发火。

韩文 입 다물어.
谐音 一 嗒牟捞
中文 闭嘴。

韩文 더 이상 못 참겠어요.
谐音 涛 一桑 牟 擦牟该扫呦
中文 我受不了了。

韩文 너무 심하네요.
谐音 恼牟 西卖耐呦
中文 太过分了。

7. 后悔

韩文 너무 후회가 돼요.
谐音 恼牟 呼恢嘎 杜埃呦
中文 我很后悔。

韩文 그러는 게 아니었어요.
谐音 科捞嫩 该 阿妮凹扫呦
中文 我真不该那样。

韩文 그 기회를 지나친 게 후회돼요.
谐音 科 哥一恢了儿 机那亲 该 呼恢杜埃呦
中文 真后悔错过那次机会。

韩文 가지 말 걸 그랬어요.
谐音 卡机 马儿 高儿 哥来扫呦
中文 不去好了。

韩文 제가 너무 했어요.
谐音 采嘎 恼牟 嗨扫呦
中文 我做得太过分了。

> 韩文 후회하지 마!
> 谐音 呼恢哈机 马
> 中文 别后悔了。

8. 祝辞

> 韩文 새해 복 많이 받으세요.
> 谐音 腮嗨 逋 马妮 巴的腮呦
> 中文 新年快乐。

> 韩文 메리크리스마스!
> 谐音 买哩科哩丝妈丝
> 中文 圣诞快乐。

> 韩文 생일 축하합니다.
> 谐音 三一儿 粗喀哈牟你嗒
> 中文 生日快乐。

> 韩文 승진을 축하합니다.
> 谐音 僧机呢儿 粗喀哈牟你嗒
> 中文 恭喜升迁。

> 韩文 학업의 성공을 빕니다.
> 谐音 哈高掰 僧公儿 逼牟你嗒
> 中文 祝你学业有成。

韩文 항상 유쾌하시길 바랍니다.
谐音 航桑 优快哈西哥一儿 巴拉牟你嗒
中文 祝你快乐。

韩文 행복을 빕니다.
谐音 航逋各儿 逼牟你嗒
中文 祝你幸福。

韩文 즐거운 하루 되세요.
谐音 滋儿高温 哈噜 杜埃腮呦
中文 祝你度过美好的一天。

韩文 유쾌한 여행이 되세요.
谐音 优快憨 腰航一 杜埃腮呦
中文 祝你旅途愉快。

韩文 두 분 모두 행복하시기를 바랍니다.
谐音 突 奔 某肚 航逋喀西各一 了儿 巴拉牟你嗒
中文 祝你们二位幸福。

韩文 개업을 축하합니다.
谐音 开凹逋儿 粗喀哈牟你嗒
中文 恭喜开业。

韩文 새해 복 많이 받으시고 오래 오래 사세요.

谐音 腮嗨 逋 马妮 巴的西沟 欧来 欧来 仁腮呦
中文 祝您新年快乐、健康长寿。

韩文 새 해에는 더욱 더 건강하세요.
谐音 腮嗨耶嫩 到乌 到 跟刚哈腮呦
中文 祝您在新的一年里身体更加健康。

韩文 2009년에는 모든 소망이 다 이루어질 거야!
谐音 一岑姑尿耐嫩 某的恩 艘忙一 嗒 一噜凹机儿 高呀
中文 祝你在2009年梦想成真！

韩文 새해 부자되세요.
谐音 腮嗨 逋匝杜埃腮呦
中文 恭喜发财。

韩文 새 해에는 다 잘 될거야.
谐音 腮嗨耶嫩 嗒 擦儿 杜埃儿高呀
中文 新的一年万事如意。

韩文 새 해에는 행복하세요.
谐音 腮嗨耶嫩 航逋喀腮呦
中文 祝你新的一年里幸福快乐。

韩文 득남을 축하합니다.
谐音 特那牟儿 粗喀哈牟你嗒
中文 恭喜您喜得贵子。

1. 签证

韩文 비자를 신청하러 왔어요.
谐音 匹匝了儿 新仓哈捞 挖扫呦
中文 我来申请签证。

韩文 출입국비자수속을 해야 합니다.
谐音 粗哩孤逼匝苏艘哥儿 嗨呀 哈牟你嗒
中文 要办出入境签证手续。

韩文 어디에 가서 비자수속을 합니까?
谐音 袄地耶 呇骚 逼匝苏艘哥儿 哈牟你尬
中文 在什么地方办理签证?

韩文 비자수속은 구체적으로 어떻게 합니까?
谐音 批匝苏艘跟 孤猜遭哥漏 袄到开 哈牟你尬
中文 签证手续具体怎么办理?

韩文 이 서류에 기입해 주세요.
谐音 一 骚溜耶 哥一一掰 组腮呦
中文 请填这张表。

韩文 이 서류외에 어떤 것이 필요합니까?
谐音 一 骚溜歪耶 袄灯 高西 批溜哈牟你尬
中文 除这张表外,还需要什么?

幸福旅行篇

053

韩文 무엇을 가지고 가야 합니까?
谐音 姆凹色儿 咔机沟 咔呀 哈牟你尬
中文 要带什么东西?

韩文 사진 여섯 장과 초청장 사본을 내세요.
谐音 仨金 咬骚 脏瓜 凑仓脏 仨波呢儿 耐腮呦
中文 交6张照片和邀请函的复印件。

韩文 그 서류를 채워서 내 주세요.
谐音 科 骚溜了儿 猜窝骚 耐 组腮呦
中文 材料备齐后交上来。

韩文 신청서와 증명서를 함께 가지고 가야 해요.
谐音 新仓骚挖 增名骚了儿 哈牟该 咔机沟 咔呀 嗨呦
中文 将填好的申请表连同证件一块儿带去。

韩文 신청서에 써 넣을 때 틀리게 쓴 글자를 고칠 수 있습니까?
谐音 新仓骚耶 膄 恼儿 带 特儿哩该 森 哥儿匹了儿 沟期儿 苏 一丝牟你尬
中文 填写申请表时,写错了字可以修改吗?

韩文 일반적으로 안 됩니다.
谐音 一儿班遭哥漏 安 杜埃牟你嗒
中文 一般不能。

韩文 출입국비자를 한 다음에 아무때나 갈 수 있어요?
谐音 粗哩孤逼匝 了儿 憨 啥俄卖 阿牟带那 旮儿 苏 一扫呦
中文 办好了出入境签证,是不是哪一天都可以走?

韩文 유효기간에 아무날이나 출국할 수 있어요.
谐音 有喝优 各一旮耐 阿木那哩那 粗儿孤喀儿 苏 一扫呦
中文 在有效期内,随便哪一天走都可以。

韩文 이 신청서대로 서류를 준비해 주세요.
谐音 一 新仓骚呆漏 骚溜了儿 尊逼嗨 组腮呦
中文 按照申请表上说的准备材料吧。

韩文 신청서를 내면 얼마만에 비자가 나오지요?
谐音 新仓骚了儿 耐妙恩 袄儿妈妈耐 逼匝旮 哪欧就
中文 交了申请书,签证多久能下来呀?

韩文 삼일이면 돼요.
谐音 仨咪哩妙恩 杜埃呦
中文 3天以后。

韩文 초청장을 보여 주시겠어요?
谐音 凑仓脏儿 波腰 组西该扫呦
中文 能给我看一下邀请书吗?

韩文 한국 어디서 초청했어요?

幸福旅行篇

谐音 憋孤 袄地骚 凑仓嗨扫呦
中文 韩国什么地方邀请的?

2. 预订

韩文 한국으로 가는 비행기표 한 장 예약하고 싶어요.
谐音 憋孤哥漏 卡嫩 逼航哥一票 憋 脏 也呀喀沟 西抛呦
中文 我想订一张去韩国的机票。

韩文 일반석으로 한 장 주세요.
谐音 一儿班骚哥漏 憋 脏 租腮呦
中文 给我一张经济舱的机票。

韩文 부산으로 가는 편도표는 얼마예요?
谐音 普仨呢漏 卡嫩 飘恩斗票嫩 凹儿妈也呦
中文 去釜山的单程票多少钱?

韩文 문저 이 예약표를 기입하세요.
谐音 们遭 一 也呀飘了儿 哥一一趴腮呦
中文 请先填好这张预订单。

韩文 이 비행기표 날짜를 바꿀 수 있어요?
谐音 一 逼航哥一票 卡 哪儿匝了儿 巴顾儿 苏 一扫呦
中文 这机票可以改日期吗?

韩文 이 비행기표를 환불할 수 있습니까?
谐音 一 逼航哥一票了儿 欢迪拉儿 苏 一丝牟你尬
中文 这机票可以退票吗?

韩文 싱글룸을 하나 예약하려는데 가격이 얼마예요?
谐音 星哥儿噜牟儿 哈那 也呀喀撩嫩带 卡哥腰 各一 袄儿妈也呦
中文 我想预订一间标准间,价格是多少?

韩文 큰 침대가 있는 싱글룸 잡아 주세요.
谐音 科恩 期牟带卡 因嫩 星哥儿噜 匝巴 组腮呦
中文 我要大床的单人标准间。

韩文 더불룸을 잡아 주세요.
谐音 涛逋儿噜牟儿 匝巴 组腮呦
中文 我要双人床的标准间。

韩文 하루 가격은 얼마예요?
谐音 哈噜 卡哥腰跟 凹儿妈也呦
中文 住一宿多少钱?

韩文 숙박비용에 아침식사가 포함되어 있나요?
谐音 苏巴逼拥耶 阿气西仁卡 剖哈牟 杜埃凹 因哪呦
中文 住宿费包括早餐吗?

幸福旅行篇

韩文 선불인가요?
谐音 森逋拎旮呦
中文 要押金吗?

3. 登机

韩文 어디에서 탑승수속을 합니까?
谐音 凹低耶骚 他僧苏腹哥儿 哈牟妮尬
中文 在哪儿办理登机手续?

韩文 이 짐은 탁송해야 합니다.
谐音 一 机闷 他松嗨呀 哈牟你嗒
中文 这件行李需要托运。

韩文 일인당 어느 정도의 짐을 휴대할 수 있습니까?
谐音 一拎当 袄呢 增兜哀 机牟儿 喝优呆哈儿 苏 一丝牟你尬
中文 每个人允许携带多少行李?

韩文 저는 모두 세 개의 짐이 있습니다.
谐音 草嫩 某肚 腮 该爱 机咪 一丝牟你嗒
中文 我一共有三件行李。

韩文 중량초과 짐은 얼마를 내야 합니까?
谐音 宗量凑瓜 机闷 袄儿妈了儿 耐呀 哈牟你尬

中文 行李超重费是多少？

韩文 트렁크를 열어 주세요.
谐音 特棱科了儿 咬捞 组腮呦
中文 请打开箱子。

韩文 이짐은 보험가입을 해야 합니다.
谐音 一机闷 波好牟旮一波儿 嗨呀 哈牟你嗒
中文 这件行李价值2000美元，需要保险。

韩文 이것은 선생님의 탑승권입니다, 받으세요.
谐音 一高森 骚恩三妮卖 他僧郭妮牟你嗒 趴的腮呦
中文 这是你的登机牌，请拿好。

韩文 언제 탑승합니까?
谐音 恩栽 他僧哈牟你尬
中文 什么时候登机？

韩文 몇 번 게이트에서 탑승합니까?
谐音 秒 奔 该一特耶骚 他僧哈牟你尬
中文 在几号登机口登机？

韩文 제 자리가 어디입니까?
谐音 采 匝哩旮 袄地一年你尬
中文 我的座位在哪儿？

幸福旅行篇

韩文 좌석을 바꾸고 싶어요.
谐音 粗阿骚哥儿 巴孤沟 西抛呦
中文 我想换座位。

韩文 창측 좌석을 주세요.
谐音 仓疵 租阿骚哥儿 组腮呦
中文 请给我靠窗的位置。

韩文 제 자리는 7열 A석입니다.
谐音 采 匝哩嫩 期撩儿 A骚哥一牟你嗒
中文 我的座位是7排A座。

韩文 여기에 앉으면 됩니까?
谐音 咬哥一耶 安滋妙恩 杜埃牟你尬
中文 我可以坐在这里吗?

韩文 자리를 잘못 앉아서 죄송합니다.
谐音 擦哩了儿 匝儿哞 安匝骚 促癌松哈牟你嗒
中文 对不起,我坐错了座位。

韩文 안전벨트를 매십시오.
谐音 安遭恩 掰儿特了儿 买西逋休
中文 请系好安全带。

韩文 물 한 잔 주세요.

> 谐音 牟儿 憨 簪 组腮呦
> 中文 请给我一杯水。

> 韩文 모포와 베개 좀 주세요.
> 谐音 哞剖哇 掰该 奏 组腮呦
> 中文 请拿毛毯和枕头给我。

> 韩文 담배를 피워도 괜찮습니까?
> 谐音 塔牟掰了儿 批窝兜 观参丝牟你尬
> 中文 我可以抽烟吗?

> 韩文 중국어 신문이 있습니까?
> 谐音 宗孤高 新木妮 一丝牟你尬
> 中文 有没有中文报纸?

> 韩文 비행기에서 면세품을 팝니까?
> 谐音 匹航各一耶臊 妙恩腮扑木儿 扒牟你尬
> 中文 飞机上出售免税商品吗?

> 韩文 비행기멀미가 납니다. 약 좀 주세요.
> 谐音 匹航各一 猫儿哩咪旮 那牟你嗒 压 奏 组腮呦
> 中文 我晕机了,请给我一些药。

> 韩文 이 비행기는 정각에 이륙할 수 있습니까?
> 谐音 一 逼航各一嫩 增尬该 一溜咯儿 苏 一丝牟你尬

幸福旅行篇

中文 这班飞机能准时起飞吗?

韩文 얼마나 늦겠습니까?
谐音 袄儿妈那 呢该丝牟你尬
中文 将晚点多长时间?

韩文 서울에 도착하려면 얼마나 걸립니까?
谐音 骚乌来 兜擦咯撩妙恩 袄儿妈那 高儿 哩牟你尬
中文 到达首尔需要多少时间?

韩文 우리 지금 어디로 날고 있습니까?
谐音 乌哩 机哥牟 袄地漏 哪儿沟 一丝牟你尬
中文 我们现在飞到哪了?

4. 行李

韩文 어디에서 짐을 찾습니까?
谐音 袄地耶骚 机牟儿 擦丝牟你尬
中文 在哪儿取行李?

韩文 제 짐이 없어졌습니다.
谐音 采 机咪 袄骚浇丝牟你嗒
中文 我的行李不见了。

韩文 당신의 짐을 설명할 수 있습니까?

谐音 汤西耐 机牟儿 骚儿明哈儿 苏 一丝牟你尬
中文 您能描述一下您的行李吗?

韩文 제 짐은 검은색입니다.
谐音 采 机闷 高闷腮哥一牟你嗒
中文 我的行李是黑色的。

韩文 이것은 제 짐 꼬리표입니다.
谐音 一高森 栽 机牟 购哩票一牟你嗒
中文 这是我的行李标签。

韩文 잘못 찾았습니다.
谐音 擦儿牟 擦匝丝牟你嗒
中文 行李拿错了。

5. 入境

韩文 이곳에서 입국심사를 받습니까?
谐音 一沟腮骚 一孤西牟仁了儿 巴丝牟你尬
中文 是在这里接受入境检查吗?

韩文 외국인은 저쪽으로 가 주십시오.
谐音 歪孤哥一嫩 早奏哥漏 卡 组西逋休
中文 不是,外国人请到那边去。

幸福旅行篇

韩文 어디에서 오셨어요?
谐音 袄地耶骚 呕消扫呦
中文 从哪里来的?

韩文 중국에서 왔어요.
谐音 宗孤该骚 挖扫呦
中文 中国。

韩文 한국에 뭘 하러 오셨어요?
谐音 憨孤该 牟儿 哈捞 呕消扫呦
中文 到韩国来的目的是什么?

韩文 여행하러 왔어요.
谐音 咬航哈捞 挖扫呦
中文 旅游。

韩文 한국어를 배우러 왔습니다.
谐音 憨孤高了儿 掰乌捞 挖丝牟你嗒
中文 来学韩国语。

韩文 한국에 얼마 동안 머무르실 예정입니까?
谐音 憨孤该 袄儿妈 东安 猫牟了西儿 也增一牟你尬
中文 您准备在韩国逗留多长时间?

韩文 두 달 동안 체류할 계획입니다.

谐音 土 嗒儿 东安 猜溜哈儿 该恢哥一牟你嗒
中文 我准备待两个月。

韩文 여권하고 비행기표 보여 주세요.
谐音 咬郭哪沟 逼航哥一票 波腰 组腮呦
中文 请把护照和机票给我看看。

韩文 여권과 입국카드를 내 주세요.
谐音 咬滚瓜 一孤喀的了儿 耐 组腮呦
中文 请出示护照和入境卡。

韩文 비자(신고서)를 좀 보여 주세요.
谐音 匹匝（新购骚）了儿 奏 波腰 组腮呦
中文 让我看看你的签证（申请表）。

韩文 여기 있어요.
谐音 咬哥一 一扫呦
中文 给你。

韩文 어느 짐이 선생의 것입니까?
谐音 袄呢 机咪 森三爱 高西牟你尬
中文 哪件行李是您的？

幸福旅行篇

韩文 이 트렁크, 핸드백하고 이 가방입니다.

谐音 一 特棱科 憨的掰喀沟 一 旮帮一牟你嗒

中文 这个箱子，这个提包和随身带的这个皮包。

韩文 이 트렁크 안에는 무슨 물건이 있습니까?

谐音 一 特棱科 阿耐嫩 牟森 牟儿高妮 一丝牟你尬

中文 这个箱子里装的是什么？

韩文 옷과 약간의 일용품입니다.

谐音 欧瓜 呀旮耐 一撩拥扑咪牟你嗒

中文 衣服和一些日用品。

韩文 이 핸드백을 좀 열어 주세요.

谐音 一 憨的掰哥儿 奏 咬捞 组腮呦

中文 请打开这个提包。

韩文 개인휴대품입니다.

谐音 该因喝优呆扑咪牟你嗒

中文 是我个人随身携带品。

韩文 간단한 선물입니다.

谐音 肝嗒南 森牟哩牟你嗒

中文 是小礼品。

韩文 현금을 얼마나 가지고 왔습니까?

谐音 喝腰恩哥牟儿 衸儿妈哪 旮机沟 挖丝牟你尬

中文 您带了多少现金?

韩文 10만 달러를 가지고 왔습니다.
谐音 星慢 嗒儿捞了儿 旮机沟 挖丝牟你嗒
中文 100,000美金。

韩文 특별히 신고하실 물건 있습니까?
谐音 特标哩 新沟哈西儿 牟儿跟 一丝牟你尬
中文 有特别要申报的东西吗?

韩文 신고서에 쓴 물건을 보여 주세요.
谐音 新沟骚耶 森 牟儿高呢儿 波腰 组腮呦
中文 让我看看申报表上的物品。

韩文 개인당 몇kg 초과하면 안 됩니까?
谐音 该因当 秒 科一儿漏咪涛儿 凑瓜哈妙恩 安 杜埃牟你尬
中文 每个人不得超过多少公斤?

韩文 금지품은 없습니까?
谐音 科亩机扑闷 袄丝牟你尬
中文 有没有违禁品?

韩文 그럼 어떻게 해야 합니까?
谐音 科捞牟 袄到开 嗨呀 哈牟你尬
中文 那怎么办呢?

幸福旅行篇

韩文	가방을 닫으셔도 됩니다.
谐音	卡帮儿 嗒的消兜 杜埃牟你嗒
中文	可以把包拉起来了。

韩文	짐무게를 달아 주세죠.
谐音	机牟该了儿 嗒拉 组腮呦
中文	称一下行李的重量。

韩文	초과 무게만큼 내신 후 가져 가십시오.
谐音	凑瓜 牟该满科牟 耐新 户 旮浇 旮西遛休
中文	那请你交了超重费再走。

韩文	미처 몰랐습니다.
谐音	咪糙 某儿拉丝牟你嗒
中文	我事先不知道。

韩文	이제 떠나도 되나요?
谐音	一栽 到那兜 杜埃哪呦
中文	我现在能走了吗?

温馨入住篇

1. 登记

韩文 투숙하려고 하는데요.
谐音 突苏哈撩沟 哈嫩带呦
中文 我要住宿。

韩文 남는 방 하나 있나요?
谐音 哪嫩 帮 哈那 因哪呦
中文 有没有空房间?

韩文 예약하셨나요?
谐音 也呀喀消哪呦
中文 您预订了吗?

韩文 공항에서 예약했습니다.
谐音 空航耶骚 也呀开丝牟你嗒
中文 在机场预订的。

韩文 예약하지 않아도 되나요?
谐音 也呀喀机 阿哪兜 杜埃哪呦
中文 没有预订也可以入住吗?

韩文 지금 체크인하고 싶습니다.
谐音 起哥牟 猜科一哪沟 西丝牟你嗒
中文 我想现在入住。

韩文 조용한 방을 주세요.

谐音 凑拥憨 帮儿 组腮呦

中文 我要安静的房间。

韩文 햇빛이 있는 방을 원해요.

谐音 嗨逼期 因嫩 帮儿 窝耐呦

中文 我想要个阳面的房间。

韩文 하루 투숙하려고 해요.

谐音 哈噜 突苏喀撩沟 嗨呦

中文 住一天。

韩文 하룻밤에 얼마예요?

谐音 哈噜巴卖 袄儿妈也呦

中文 一宿多少钱?

韩文 싼 방 없어요?

谐音 三 帮 袄扫呦

中文 有没有便宜点的房间?

韩文 이 방으로 하겠어요.

谐音 一 帮俄漏 哈该扫呦

中文 就这间吧。

韩文 주민등록증 좀 보여 주세요.

温馨入住篇

> 谐音　租民灯漏增 奏 波腰 组腮呦
> 中文　请出示一下身份证。

> 韩文　숙박카드 작성은 어떻게 해야 하나요?
> 谐音　苏巴喀的 匝僧恩 袄到开 嗨呀 哈哪呦
> 中文　住宿登记卡应该怎么填啊?

> 韩文　여기에다 써요?
> 谐音　腰各一耶嗒 臊呦
> 中文　是在这儿写吗?

> 韩文　어디에 싸인 할까요?
> 谐音　袄地耶 仁因 哈儿尬呦
> 中文　在哪儿签名?

> 韩文　이렇게 써 넣으면 되나요?
> 谐音　一捞开 臊 孬俄妙恩 杜埃哪呦
> 中文　这样填完就可以吗?

> 韩文　요금에 조식은 포함되어 있나요?
> 谐音　呦哥卖 邹西跟 剖哈牟 杜埃凹 因那呦
> 中文　费用包括早餐吗?

> 韩文　짐을 방까지 옮겨 주겠어요?
> 谐音　机牟儿 帮尬机 欧牟 哥腰 租该扫呦
> 中文　能帮我把行李搬到房间吗?

韩文 짐을 보관할 수 있어요?
谐音 机牟儿 包刮哪儿 苏 一扫呦
中文 能寄存行李吗?

韩文 짐을 맡기고 싶습니다.
谐音 机牟儿 马科一沟 西丝牟你嗒
中文 我想存行李。

韩文 벨보이가 방으로 안내하겠습니다.
谐音 掰儿波一夺 帮俄漏 安耐哈该丝牟你嗒
中文 服务员会带您去房间的。

韩文 열쇠를 주세요.
谐音 咬儿 苏爱 了儿 组腮呦
中文 请给我钥匙。

韩文 룸 체크아웃은 몇 시에 하는지 알려 주세요.
谐音 噜牟 猜科阿乌森 妙 西耶 哈嫩机 阿儿撩 租腮呦
中文 请告诉我退房的时间。

韩文 하루 더 묵고 싶은데 가능하겠습니까?
谐音 哈噜 刀 木购 西喷带 夺能哈该丝牟你尬
中文 想多住一天,可以吗?

韩文 또 무엇이 필요합니까?
谐音 斗 牟凹西 批溜哈牟你尬
中文 您还需要什么服务?

2. 服务

韩文 룸 서비스를 부탁합니다.
谐音 噜牟 骚逼丝了儿 逋他喀牟你嗒
中文 要房间服务。

韩文 모닝콜 부탁드립니다.
谐音 牟宁抠儿 逋他哩牟你嗒
中文 请提供叫早服务。

韩文 전화로 모닝콜 부탁해요.
谐音 草奴阿漏 哞宁抠儿 逋他开呦
中文 请早晨打电话叫醒我。

韩文 열쇠를 안에다 두고 나왔어요.
谐音 腰儿 苏埃 了儿 阿耐嗒 督沟 哪挖扫呦
中文 钥匙落在房间里了。

韩文 제 방 열쇠를 잃어버렸어요.
谐音 采 帮 腰儿 苏埃 了儿 一捞包撩扫呦
中文 我的房间钥匙丢了。

韩文 방 좀 깨끗이 정리해 주세요.
谐音 帮 奏 该哥西 增哩嗨 组腮呦
中文 请打扫一下房间。

韩文 인터넷 할 수 있나요?
谐音 因特耐 哈儿 苏 因哪呦
中文 可以上网吗?

韩文 여기서 국제전화 가능한가요?
谐音 咬哥一骚 孤在遭奴阿 卡能憨登呦
中文 这儿能打国际长途吗?

韩文 밖으로 어떻게 전화를 해요?
谐音 趴各漏 袄到开 遭奴阿 了儿 嗨呦
中文 怎样打外线?

韩文 전등이 어두워요.
谐音 岑灯一 袄督窝呦
中文 电灯不亮。

韩文 에어컨이 망가졌네요.
谐音 耶凹考妮 忙卡浇耐呦
中文 空调坏了。

韩文 티비에서 영상이 왜 안 나오죠?

温馨入住篇

075

> 谐音 踢逼耶骚 英桑一 歪 安 哪欧就
> 中文 电视怎么不出图像了？

> 韩文 더운 물이 없어요.
> 谐音 涛温 木哩 袄扫呦
> 中文 没有热水了。

> 韩文 수도 꼭지에 물이 새어 나와요.
> 谐音 苏兜 购机耶 牟哩 腮凹 哪挖呦
> 中文 水龙头总滴水。

> 韩文 변기 물이 내려가지 않아요.
> 谐音 篇哥一牟哩 奈撩卡机 阿哪呦
> 中文 便池里的水冲不下去了。

> 韩文 화장실 안에 휴지를 다 썼네요.
> 谐音 花脏西 拉耐 喝优机了儿 嗒 臊恩耐呦
> 中文 卫生间里的手纸用完了。

> 韩文 방을 바꾸고 싶습니다.
> 谐音 帮儿 巴顾沟 西丝牟你嗒
> 中文 我想换个房间。

> 韩文 사용방법을 가르쳐 주세요.
> 谐音 仁拥帮包逋儿 卡了敲 组腮呦

中文 请告诉我使用方法。

韩文 이 옷들은 빨아야 할 것들입니다.
谐音 一 欧的了恩 爸拉呀 哈儿 高的哩牟你嗒
中文 这些衣服是要洗的。

韩文 빨래는 다 끝났나요?
谐音 爸儿来嫩 嗒 根南哪呦
中文 衣服洗好了吗?

韩文 아침 식사는 언제예요?
谐音 阿气牟 西仁嫩 恩栽也呦
中文 早餐是什么时候?

韩文 아침 식사 주문했습니다.
谐音 阿气牟 西仁 组牟耐丝牟你嗒
中文 我早上点了一份早餐。

韩文 7시에 아침식사를 방으로 갖다 주세요.
谐音 一儿沟西耶 阿期牟西了儿 帮俄漏 旮嗒 组腮呦
中文 7点把早餐送到我房间里来。

韩文 택시를 불러 줄 수 있나요?
谐音 胎西了儿 逋儿捞 组儿 苏 因哪呦
中文 能帮我叫辆出租车吗?

温馨入住篇

韩文 이건 팁입니다.
谐音 一跟 踢逼牟你嗒
中文 这是小费。

3. 退房

韩文 체크아웃하겠습니다.
谐音 猜科阿乌哈该丝牟你嗒
中文 我要退房。

韩文 계산해 주세요.
谐音 该仨耐 组腮呦
中文 结算一下。

韩文 오늘 나가지 않을 겁니다.
谐音 欧呢儿 哪呆机 阿呢儿 高牟你嗒
中文 今天不打算出去。

韩文 좀 더 머무를 계획입니다.
谐音 奏 刀 猫牟了儿 该恢哥一牟你嗒
中文 想再多住几天。

韩文 며칠 더 숙박하려고 합니다.
谐音 秒期儿 刀 苏巴喀撩沟 哈牟你嗒
中文 我想多住几天。

韩文 이틀 연장하겠습니다.
谐音 一特儿 延脏哈该丝牟你嗒
中文 延长两天。

韩文 물건을 잊어버리지 않았는지 찾아보시기 바랍니다.
谐音 牟儿高呢儿 一遭包哩机 阿那嫩机 擦匹波西哥一 巴拉牟你嗒
中文 请检查一下，是否忘记什么东西了。

温馨入住篇

韩文 머무르는 동안 편안하셨습니까?
谐音 猫木了嫩 东安 飘哪哪消丝牟你尬
中文 这几天住得舒服吗？

韩文 신용카드 괜찮나요?
谐音 西妞拥喀的 观参哪呦
中文 可以刷卡吗？

韩文 신용카드를 사용할 수 있습니까?
谐音 西妞拥卡的了儿 仨拥哈儿 苏 一丝牟你尬
中文 你们接受信用卡吗？

韩文 여행자 수표를 받습니까?
谐音 咬航匹 苏票了儿 巴丝牟你尬
中文 你们接收旅行支票吗？

轻松出行篇

1. 步行

韩文 동대문시장은 어떻게 가요?
谐音 通呆们西脏恩 袄到开 旮呦
中文 去东大门市场怎么走?

韩文 앞으로 가세요.
谐音 阿扑漏 旮腮呦
中文 请往前走。

韩文 이 길을 따라 쭉 가면 됩니다.
谐音 一 哥一 了儿 大拉 租 旮妙恩 杜埃牟你嗒
中文 顺着马路一直走就到了。

韩文 앞으로 곧장 100미터쯤 가세요.
谐音 阿扑漏 沟脏 百咪涛滋牟 旮腮呦
中文 一直往前走一百米左右。

韩文 오른쪽으로 도세요.
谐音 欧了恩奏哥漏 兜腮呦
中文 请往右拐。

韩文 앞으로 곧장 가다가 왼쪽으로 도세요.
谐音 阿扑漏 沟脏 旮嗒旮 温奏哥漏 兜腮呦
中文 请往前走,然后往左拐。

轻松出行篇

韩文 여기서 멉니까?
谐音 咬哥一骚 猫牟你尬
中文 离这儿远吗?

韩文 멀지 않습니다.
谐音 猫儿机 安丝牟你嗒
中文 不远。

韩文 좀 멀어요.
谐音 奏 猫捞呦
中文 有点儿远。

韩文 걸어서 얼마나 걸립니까?
谐音 考捞骚 袄儿妈那 高儿 哩牟你尬
中文 步行需要多长时间?

韩文 걸어서 5분이면 됩니다.
谐音 考捞骚 欧逋妮妙恩 杜埃牟你嗒
中文 走路5分钟就到了。

韩文 약 10분 걸립니다.
谐音 压 西奔 高儿 哩牟你嗒
中文 大约需要十分钟。

2. 出租车

韩文 어디로 가십니까?
谐音 袄地漏 卡西牟你尬
中文 您要去哪儿?

韩文 인천공항으로 가 주세요.
谐音 因岑公航俄漏 卡 组腮呦
中文 请送我去仁川机场。

韩文 트렁크를 열어 주시겠어요?
谐音 特棱科了儿 腰捞 组西该扫呦
中文 能把后备箱打开吗?

韩文 시간이 얼마나 걸리죠?
谐音 西卡妮 袄儿妈那 高儿哩就
中文 要走多长时间?

韩文 한 시간 정도 걸려요.
谐音 憨 西肝 增兜 高儿撩呦
中文 大约需要一个小时。

韩文 돌아 가지 마세요.

谐音 兜拉 旮机 马腮呦
中文 请你别绕远啊。

韩文 안전에 주의하세요.
谐音 安遭耐 组一哈腮呦
中文 请注意安全。

韩文 급한 일이 있는데요, 빨리 가 주세요.
谐音 可潘 一哩 因嫩带呦 巴儿哩 旮 组腮呦
中文 我有急事,请抓紧点儿。

韩文 여기에서 5분만 기다려 주시겠어요?
谐音 咬各一耶骚 欧奔慢 各一嗒撩 组西该扫呦
中文 能在这等我5分钟吗?

韩文 여기서 세워 주세요.
谐音 咬哥一骚 腮窝 组腮呦
中文 请在这儿停车。

韩文 요금이 이렇게 비싸게 나와요?
谐音 呦哥咪 一捞开 逼萨该 哪挖呦
中文 费用怎么这么贵?

韩文 영수증을 주세요.
谐音 扬苏增儿 组腮呦
中文 请给我收据。

韩文 8시에 …로 저를 데리 와 주세요.
谐音 咬到儿西耶 …漏 遭了儿 呆哩捞 挖 组腮呦
中文 8点到……接我。

3. 公共汽车

韩文 버스정류장은 어디예요?
谐音 包丝增溜脏恩 袄低也呦
中文 公共汽车站在哪?

韩文 …에 가려고 해요. 몇 번 버스를 타면 되나요?
谐音 …耶 卡撩沟 嗨呦 秒 奔 包丝了儿 他妙恩 杜埃哪呦
中文 我要去……,乘几路公共汽车好?

韩文 이것이 …에 가는 버스인가요?
谐音 一高西 …耶 卡嫩 包丝因尬呦
中文 这是开往……的公共汽车吗?

韩文 거기까지 가는 직행버스가 있어요?
谐音 靠哥一尬机 卡嫩 机康包丝尬 一扫呦
中文 有到那里的直达公交车吗?

韩文 버스를 타시는 것이 더 빠를 거예요.
谐音 包丝了儿 他西嫩 高西 刀 爸了儿 高也呦
中文 乘公共汽车更快。

韩文 어디서 내려야 합니까?

谐音 祆低骚 耐撩呀 哈牟你尬

中文 我应该在什么地方下车?

韩文 어디에서 차를 갈아타는 것이 더 편리합니까?

谐音 祆地耶骚 擦了儿 旮拉他嫩 高西 刀 飘儿哩哈牟你尬

中文 在什么地方换车比较方便?

韩文 …역은 몇 번째 역이에요?

谐音 …要跟 秒 奔栽 腰哥一耶呦

中文 对不起,……站是第几站?

韩文 이 버스는 왜 아직도 안 와요?

谐音 一 包丝嫩 歪 阿机斗 安 挖呦

中文 公交车怎么还不来?

韩文 표 값은 같아요?

谐音 票 旮森 旮他呦

中文 票价一样吗?

韩文 여기에 사람이 있어요?

谐音 咬哥一耶 仁拉咪 一扫呦

中文 这里有人坐吗?

韩文 알겠습니다. 감사합니다.

谐音 阿儿该丝牟你嗒 康仁哈牟你嗒
中文 好的,谢谢。

4. 地铁

韩文 …까지 가는 지하철표 주세요.
谐音 …尬机 卡嫩 机哈糙儿票 组腮呦
中文 请给我到……的地铁票。

韩文 지하철이 제일 빠르고 편리해요.
谐音 机哈糙哩 栽一儿 爸了沟 飘儿哩嗨呦
中文 坐地铁最快,又方便。

韩文 몇 호선을 타야 합니까?
谐音 秒 齁骚呢儿 他呀 哈牟你尬
中文 应该坐几号线?

韩文 6 호선을 타세요.
谐音 优 沟骚呢儿 他腮呦
中文 要坐6号线地铁。

韩文 여기서 얼마나 가야 되죠?
谐音 咬哥一骚 袄儿妈那 卡呀 杜埃就
中文 从这儿要坐多少站?

韩文 10 정거장만 더 가면 돼요.
谐音 西 增高脏慢 刀 旮妙恩 杜埃呦
中文 坐10站就可以了。

韩文 이 노선의 종점은 어디입니까?
谐音 一 耨骚耐 宗遭们 袄低一牟你尬
中文 这个路线的终点站是哪儿?

韩文 막차는 언제입니까?
谐音 妈擦嫩 恩栽 一牟你尬
中文 末车是几点?

韩文 이 지하철이 …까지 가나요?
谐音 一 机哈糙哩 …尬机 旮那呦
中文 这地铁去不去……?

韩文 어느 역에서 내려야 되죠?
谐音 袄呢 腰该骚 耐撩呀 杜埃就
中文 我应在哪一站下车?

韩文 …역에서 내리세요.
谐音 …腰该骚 耐哩腮呦
中文 在……站下车。

韩文 …역에서 걸어 갈 수 있나요?

谐音 …腰该骚 高捞 旮儿 苏 因哪呦
中文 可以从……站走路吗?

韩文 다음은 어디입니까?
谐音 他俄们 凹低一牟你尬
中文 下一站是哪儿?

5. 火车

韩文 매표구는 어디예요?
谐音 卖票孤嫩 袄地也呦
中文 售票处在哪儿?

韩文 기차 시간표가 있어요?
谐音 科一擦 西肝票旮 一扫呦
中文 有列车时刻表吗?

韩文 …로 가려고 해요. 기차 번호와 시간을 알려 줄 수 있어요?
谐音 …漏 旮撩沟 嗨呦 科一擦 包耨挖 西旮呢儿 阿儿撩 组儿 苏 一扫呦
中文 我要去……，能帮我查一下车次和时间吗?

韩文 서울로 일등 침대 두 장 주세요.
谐音 骚乌儿漏 一儿等 气牟呆 督 脏 组腮呦
中文 我要两张去首尔的软卧。

韩文 기차는 정시 운행합니까?
谐音 科一擦嫩 增西 温航哈牟你尬
中文 列车是正点运行吗?

韩文 몇 시에 탈 수 있어요?
谐音 秒 西耶 他儿 苏 一扫呦
中文 几点可以上车?

韩文 기차의 대합실은 어디예요?
谐音 科一擦爱 呆哈西了恩 袄地也呦
中文 火车的候车室在哪儿?

韩文 기차의 개찰구는 어디예요?
谐音 科一擦爱 该擦儿孤嫩 袄地也呦
中文 检票口在哪儿?

韩文 …호 플랫폼은 어디예요?
谐音 … 齁 扑儿来扑闷 袄地也呦
中文 ……号站台在哪里?

韩文 서울로 가려면 여기에서 검표해야 돼요?
谐音 骚乌儿漏 卡撩妙恩 腰各一耶骚 高牟票嗨呀 杜埃呦
中文 去首尔是在这儿检票吗?

韩文 서울로 가려면 어느 플랫폼에서 차를 타요?

谐音 骚乌儿漏 旮撩妙恩 祆呢 扑儿来扑耶臊 擦了儿 他呦
中文 去首尔从哪个站台上车？

韩文 실례지만 …객자(객실)가 어디 있어요?
谐音 西儿来机慢 …该擦（该西儿）旮 祆地 一扫呦
中文 请问，……车厢在哪里？

韩文 물건을 보관시킬 곳이 있어요?
谐音 牟儿高呢儿 波观西科一儿 沟西 一扫呦
中文 有可以存东西的地方吗？

韩文 이 자리가 비어 있어요?
谐音 一 匝哩旮 逼凹 一扫呦
中文 这个座位没人吧？

韩文 좌석을 바꿀 수 있어요?
谐音 粗阿骚哥儿 巴孤儿 苏 一扫呦
中文 我们能对换一下座位吗？

韩文 정거장에 도착하면 알려 주세요.
谐音 增高脏耶 兜擦喀妙恩 阿儿撩 组腮呦
中文 麻烦您到站时告诉我们一下。

韩文 역에 음식점이 있어요?

轻松出行篇

> 谐音 咬该 俄牟西遭咪 一扫呦
> 中文 车站里有吃饭的地方吗?

> 韩文 몇 시에 …역에 도착해요?
> 谐音 秒 西耶 …腰该 兜擦开呦
> 中文 这趟车几点到达……站?

> 韩文 …역에 도착하려면 몇 시간이 걸려요?
> 谐音 …腰该 兜擦咯撩妙恩 秒 西沓妮 高儿撩呦
> 中文 到……站还有多少时间?

> 韩文 저는 …역에서 내리려고 해요.
> 谐音 草嫩 …腰该骚 耐哩撩购 嗨呦
> 中文 我准备在……站下车的。

美食品尝篇

1. 邀请

韩文 식사 했습니까?
谐音 西仁嗨丝牟你尬
中文 你吃饭了没有?

韩文 저녁식사 하세요.
谐音 草尿西仁 哈腮呦
中文 吃晚饭吧。

韩文 내일 저녁 우리 집에서 식사나 합시다.
谐音 耐一儿 早尿 乌哩 机掰骚 西仁那 哈逋西嗒
中文 明晚请来舍下吃顿饭。

韩文 오늘 내가 한턱 내겠습니다.
谐音 欧呢儿 耐尬 憨涛 耐该丝牟你嗒
中文 今天我做东,请你们吃饭。

韩文 고맙습니다만, 저는 방금 먹었어요.
谐音 口妈丝牟你嗒慢 草嫩 帮哥牟 卯高扫呦
中文 谢谢,我刚吃完。

韩文 그럼 같이 점심 식사합시다.
谐音 可捞牟 咅气 早牟 西牟 西仁哈逋西嗒
中文 那么一起吃午饭吧。

韩文 그 사람이 정식으로 식사초대를 했어요.
谐音 可 仁拉咪 增西哥漏 西仁凑呆了儿 嗨扫呦
中文 他正式邀请我们一起吃饭。

韩文 가지 마시고 함께 식사합시다.
谐音 卡机 马西沟 哈牟该 西仁哈遁西嗒
中文 留下一起吃饭吧。

韩文 같이 식사하러 갈까요?
谐音 卡气 西仁哈捞 旮儿尬呦
中文 我们一起去吃饭,好不好?

韩文 같이 밥을 먹으러 갑시다.
谐音 卡气 巴遛儿 卯哥漏 旮遁西嗒
中文 一起去吃饭吧。

韩文 식사는 다음에 같이 하겠습니다.
谐音 西仁嫩 嗒俄卖 旮气 哈该丝牟你嗒
中文 下次再一起吃饭吧。

韩文 식사하러 가자, 내가 한턱 내지.
谐音 西仁哈捞 旮匝 耐旮 憨涛 耐机
中文 我们吃饭去,我请。

韩文 식사하면서 이야기 할까요?

美食品尝篇

谐音 西仁哈妙恩骚 一呀哥一 哈儿尬呦
中文 我们边吃边谈怎么样?

2. 点菜

韩文 이 근처에 괜찮은 음식점이 있습니까?
谐音 一 跟糙耐 观擦嫩 俄牟西遭咪 一丝牟你尬
中文 附近有好的餐馆吗?

韩文 흡연(금연)석을 주세요.
谐音 喝边(哥妙恩)骚哥儿 组腮呦
中文 要吸烟(禁烟)的座位。

韩文 식사 예약하고 싶은데요.
谐音 西仁 也呀喀沟 西喷带呦
中文 我想订餐。

韩文 오늘 저녁 식사 예약하고 싶은데요.
谐音 欧呢儿 遭尿 西仁 也呀喀沟 西喷带呦
中文 今晚我要预订一张桌子。

韩文 메뉴판을 좀 보여 주세요.
谐音 买妞趴呢儿 奏 波腰 组腮呦
中文 请给我看一下菜单。

> 韩文 뭘 먹을까요?
> 谐音 牟儿 卯哥儿 尬呦
> 中文 吃什么好呢?

> 韩文 난 입맛이 까다롭진 않아요.
> 谐音 南 因妈西 旮嗒漏金 阿那呦
> 中文 我不挑食。

> 韩文 난 다이어트 중이에요.
> 谐音 南 嗒一凹特 宗一耶呦
> 中文 我在减肥。

> 韩文 식사주문을 하려고 하는데요.
> 谐音 西仁组牟呢儿 哈撩沟 哈嫩带呦
> 中文 我要点菜。

> 韩文 잠시후에 주문하겠습니다.
> 谐音 擦牟西户耶 组木哪该丝牟你嗒
> 中文 等一会儿点菜。

> 韩文 이 음식점에서 제일 잘하는 음식은 뭐예요?
> 谐音 一 俄牟西遭买骚 栽一儿 匝拉嫩 俄牟西跟 摸耶呦
> 中文 你们店的拿手菜是什么?

> 韩文 오늘은 어떤 특별한 음식이 있습니까?

美食品尝篇

地道韩国语 想说就说

谐音 欧呢了恩 袄灯 特标兰 俄牟西各一 一丝牟你尬
中文 今天有什么特色菜?

韩文 가장 맛있는 요리를 추천해 주세요.
谐音 卡脏 马西嫩 呦哩了儿 粗糙耐 组腮呦
中文 请推荐一下最好吃的菜。

韩文 전통 한국 요리를 먹고 싶습니다.
谐音 糙恩通 憨孤 呦哩了儿 卯沟 西丝牟你咯
中文 想吃韩国的传统菜。

韩文 이것을 주세요.
谐音 一高色儿 组腮呦
中文 请给我这个。

韩文 다른 것으로 바꿔 주세요.
谐音 他了恩 高丝漏 巴郭 组腮呦
中文 请换别的。

韩文 어떤 음료수를 원하십니까?
谐音 袄到恩 俄牟妞苏了儿 窝哪西牟你尬
中文 您要些什么饮料?

韩文 무슨 술이 있습니까?
谐音 姆森 苏哩 一丝牟你尬

中文 有什么酒?

韩文 맥주 좋아하십니까?
谐音 卖租 邹阿哈西牟你尬
中文 您喜欢喝白酒吗?

韩文 한국술이 있어요?
谐音 憨孤苏哩 一扫呦
中文 有韩国酒吗?

韩文 맥주 주세요.
谐音 买租 组腮呦
中文 请拿啤酒来。

韩文 차를 좀 주십시오.
谐音 擦了儿 奏 组西逦休
中文 请上茶。

韩文 물 한 병 주세요.
谐音 牟儿 憨 变央 组腮呦
中文 请给我（瓶）矿泉水。

韩文 또 어떤 음식을 주문하시겠습니까?
谐音 斗 袄到恩 俄牟西各儿 组木哪西该丝牟你尬
中文 您还想要些什么菜?

韩文 이제 됐습니다.
谐音 一栽 杜埃 丝牟你嗒
中文 不要了。

韩文 덜 맵게 해 주세요.
谐音 掏儿 买该 嗨 组腮呦
中文 请少放辣椒。

韩文 저는 매운 음식을 못 먹습니다.
谐音 草嫩 买温 俄牟西哥儿 哞 卯丝牟你嗒
中文 我不吃辣的。

韩文 너무 짜게 요리하지 마세요.
谐音 恼木 匝该 呦哩哈机 马腮呦
中文 别太咸了。

韩文 빨리 요리를 내 오십시오.
谐音 爸儿哩 呦哩了儿 耐 欧西逎休
中文 请快点儿上菜。

韩文 제가 주문한 음식이 아직 나오지 않았습니다.
谐音 采咖 组木南 俄牟西各一 阿机 哪欧机 阿那丝牟你嗒
中文 我点的菜还没有来。

韩文 식사도 다 끝나 가는데 삼계탕은 왜 아직도 안 나오지요?

谐音 西仁兜 嗒 根那 召嫩带 仨牟该汤恩 歪 阿机斗 安 哪欧机呦

中文 我们都快吃完了,参鸡汤怎么还不上来呀?

韩文 이것은 제가 주문한 음식이 아닙니다.

谐音 一高森 栽召 组木南 俄牟西哥一 阿妮牟你嗒

中文 这不是我点的菜。

3. 吃饭

韩文 빵을 좀 더 주세요.

谐音 帮儿 奏 到 组腮呦

中文 请再拿些面包来。

韩文 이 음식을 다시 한번 데워 주세요.

谐音 一 俄牟西各儿 嗒西 憨奔 呆窝 组腮呦

中文 请把这盘菜再热一下。

韩文 이 음식은 신선하지 않습니다.

谐音 一 俄牟西各牟 新骚哪机 安丝牟你嗒

中文 这道菜不新鲜。

韩文 냅킨 좀 주세요.

谐音 耐科因 奏 组腮呦
中文 请给我餐巾纸。

韩文 김치 한 접시 더 올려 주세요.
谐音 科一牟气 憨 遭西 刀 欧儿撩 组腮呦
中文 请给我一碟泡菜。

韩文 테이블을 치워 주세요.
谐音 胎一逋了儿 期窝 组腮呦
中文 请收拾一下桌子。

韩文 식사준비 좀 도와 줄래요?
谐音 西仁尊逼 奏 兜挖 组儿来呦
中文 你能帮我准备餐具吗?

韩文 소금(간장, 식초, 마늘)을 좀 주세요.
谐音 艘哥牟(肝脏, 西凑, 马呢儿)儿 奏 组腮呦
中文 请给我拿点儿盐(酱油、醋、大蒜)。

韩文 음식이 변변치 못해서 대접이 소홀합니다.
谐音 俄牟西哥一 便便期 哞胎骚 呆遭逼 艘齁拉牟你嗒
中文 没有什么好吃的,怠慢了。

韩文 이런 음식이 입맛에 맞을지 모르겠군요.
谐音 一捞恩 俄牟西哥一 一牟妈腮 马泽儿机 某了该孤拗

中文 不知道这些菜是否合您的口味。

韩文 맛이 매우 좋습니다.
谐音 马西 买乌 邹丝牟你嗒
中文 味道好极了。

韩文 너무 맛있어요.
谐音 恼木 马西扫呦
中文 好吃。

韩文 이것은 너무 맵습니다.
谐音 一高森 恼木 买丝牟你嗒
中文 这太辣了。

韩文 너무 짭니다./답니다./싱겁습니다.
谐音 恼木 匝牟你嗒/嗒牟你嗒/星高丝牟你嗒
中文 太咸/甜/淡了。

韩文 너무 십니다./씁니다.
谐音 恼木 西牟你嗒/丝牟你嗒
中文 太酸/苦了。

韩文 손님이 왔는데도 대접할 게 별로 없네요.
谐音 艘恩妮咪 完嫩带兜 呆遭趴儿 该 标儿漏 袄耐呦
中文 客人来了，也没什么特别可招待的东西。

美食品尝篇

韩文 천만에요. 음식이 매우 풍성합니다.
谐音 岑妈耐呦 俄牟西哥一 买乌 烹僧哈牟你嗒
中文 哪里，菜太丰盛了。

韩文 사양하지 마시고 많이 드십시오.
谐音 仨杨哈机 马西沟 马妮 的西遢休
中文 别客气，多吃一些。

韩文 편한대로 하십시오.
谐音 飘南呆漏 哈西遢休
中文 请随意。

韩文 식기 전에 어서 드세요.
谐音 西哥一 遭奈 袄骚 的腮呦
中文 快趁热吃。

韩文 식사를 맛있게 드셨지요?
谐音 西仨了儿 马西该 的消就
中文 这顿饭吃得不错吧?

韩文 이미 좀 취해서, 더 이상 마실 수 없습니다.
谐音 一咪 奏 屈嗨骚 刀 一桑 马西儿 苏 袄丝牟你嗒
中文 已经有点儿醉了，不能再多喝了。

韩文 정말 더 이상 먹을 수가 없습니다.

> **谐音** 聪妈儿 刀 一桑 卯哥儿 苏旮 袄丝牟你嗒
> **中文** 谢谢，我实在吃不下了。

> **韩文** 오늘 정말 잘 먹었습니다.
> **谐音** 欧呢儿 聪妈儿 匝儿 卯高丝牟你嗒
> **中文** 今天吃得很好。

> **韩文** 여러분의 건강을 위해서 건배합시다!
> **谐音** 咬捞逋耐 跟刚儿 迂嗨骚 跟掰哈逋西嗒
> **中文** 为各位的健康，干杯！

> **韩文** 먼저 실례하겠습니다.
> **谐音** 们遭 西儿来哈该丝牟你嗒
> **中文** 失陪一会儿。

> **韩文** 식사 후에 디저트도 있습니까?
> **谐音** 西仨 户耶 地遭特兜 一丝牟你尬
> **中文** 有没有餐后甜点？

4. 结账

> **韩文** 지금 계산하려고 하는데요.
> **谐音** 起各牟 该仨那撩沟 哈嫩带呦
> **中文** 我想现在付账。

美食品尝篇

韩文 이 계산서는 계산이 잘못된 것 같습니다.
谐音 一 该三扫嫩 该萨妮 匝儿哞端 高 旮丝牟你嗒
中文 这账单好像算错了。

韩文 오늘은 제가 대접하니 제가 지불하겠어요.
谐音 欧呢了恩 采旮 呆遭巴妮 栽旮 机逋拉该扫呦
中文 今天我请客,我来付款。

韩文 과용하시게 해서 미안합니다.
谐音 瓜拥哈西该 嗨骚 咪阿哪牟你嗒
中文 让您破费了,不好意思。

韩文 우리 각자 내지요.
谐音 乌哩 旮匝 耐机呦
中文 我们各付各的钱。

韩文 여기 잔돈 있습니다.
谐音 咬哥一 簪兜恩 一丝牟你嗒
中文 这是找给您的钱。

购物消费篇

地道韩国语 想说就说

1. 商场

韩文 무엇을 도와 드릴까요?
谐音 牟凹色儿 兜挖 的哩儿尬呦
中文 您好！需要帮忙吗？

韩文 뭐 사시겠습니까?
谐音 摸 仁西该丝牟你尬
中文 您想买些什么？

韩文 그냥 구경만 하는 겁니다.
谐音 可娘 孤哥央慢 哈嫩 高牟你嗒
中文 我随便看看。

韩文 티셔츠 있어요?
谐音 踢削疵 一扫呦
中文 有T恤衫吗？

韩文 원피스 있어요?
谐音 温批丝 一扫呦
中文 有连衣裙吗？

韩文 어린이옷 있어요?
谐音 袄哩妮欧 一扫呦
中文 有童装吗？

韩文 모자 좀 사려구요.

谐音 某匣 奏 仨撩孤呦

中文 我想买帽子。

韩文 좀 볼 수 있어요?

谐音 奏 波儿 苏 一扫呦

中文 能让我看看吗?

韩文 무슨 색을 원합니까?

谐音 姆森 腮哥儿 窝哪牟你尬

中文 想要什么颜色的?

购物消费篇

韩文 흰색을 좋아합니다.

谐音 恢腮哥儿 邹阿哈牟你嗒

中文 我喜欢白色的。

韩文 입어봐도 돼요?

谐音 一包巴兜 杜埃呦

中文 能穿一下试试吗?

韩文 탈의실 어디 있어요?

谐音 他哩西儿 袄地 一扫呦

中文 试衣间在哪儿?

韩文 거울 좀 봅시다.

谐音 考乌儿 奏 波诨西嗒
中文 照照镜子。

韩文 좀 작은 거 있어요?
谐音 奏 匝哥恩 高 一扫呦
中文 没有稍微小一点儿的吗?

韩文 좀 큰 거 있어요?
谐音 奏 科恩 高 一扫呦
中文 有稍大点儿的吗?

韩文 저한테 안 맞아요.
谐音 草憨胎 安 马匝呦
中文 不适合我。

韩文 다른 거 있어요?
谐音 塔了恩 高 一扫呦
中文 有别的吗?

韩文 이건 어떻습니까?
谐音 一跟 袄到丝牟你尬
中文 你觉得这件怎么样?

韩文 이 옷은 질이 좀 못해요.
谐音 一 欧森 机哩 奏 牟胎呦

中文 这衣服的质量不太好。

韩文 색깔과 모양이 맘에 들지 않습니다.
谐音 腮尬儿瓜 某样一 马卖 的儿机 安丝牟你嗒
中文 我不喜欢这颜色和款式。

韩文 이 옷은 속이 바래거나 세탁하면 줄어들까요?
谐音 一 欧森 搜哥一 巴来高那 腮他喀妙恩 租捞儿尬呦
中文 这衣服褪色缩水吗?

韩文 모두 얼마입니까?
谐音 某督 袄儿妈一牟你尬
中文 一共多少钱?

韩文 너무 비싸요.
谐音 恼木 逼萨呦
中文 太贵了。

韩文 좀 싸게 줄 수 없어요?
谐音 奏 萨该 组儿 苏 袄扫呦
中文 能便宜点吗?

韩文 이것 세일해요?
谐音 一高 腮一来呦
中文 这个打折吗?

韩文 세일 중이에요.
谐音 腮一儿 宗一耶呦
中文 打折期间。

韩文 300원 할인이에요.
谐音 三牟掰奔 哈拎妮耶呦
中文 便宜300元。

韩文 이거 주세요.
谐音 一高 组腮呦
中文 就这个吧!

韩文 좀 더 싸게 주세요.
谐音 奏 刀 仁该 组腮呦
中文 再给便宜点儿。

韩文 어디에서 돈을 지불합니까?
谐音 袄地耶骚 兜呢儿 机逋拉牟你尬
中文 在哪儿付钱?

韩文 신용카드로 결산할 수 있어요?
谐音 西妞拥喀的漏 哥腰儿仁哪儿 苏 一扫呦
中文 能用信用卡付款吗?

韩文 잘못 거슬러 주셨습니다.

谐音 擦儿哗 高丝儿捞 组消丝牟你嗒
中文 你找错钱了。

韩文 나는 이미 돈을 지불했습니다.
谐音 哪嫩 一咪 兜呢儿 机逋来丝牟你嗒
中文 我已经付过款了。

韩文 이것은 선물입니다. 잘 포장해 주세요.
谐音 一高森 森牟哩牟你嗒 擦儿 剖脏嗨 组腮呦
中文 这是礼品，请给包装一下。

韩文 봉지 하나 더 주세요.
谐音 烹机 哈那 刀 组腮呦
中文 能再给一个购物袋吗？

韩文 이 상품은 외국에서도 사용이 가능한가요?
谐音 一 桑扑闷 歪孤该骚兜 仨拥一 旮能憨旮呦
中文 这个商品可以在外国用吗？

韩文 이 상품의 생산지 어디예요?
谐音 一 桑扑卖 腮昂三机 袄低也呦
中文 这种商品是哪产的？

韩文 배달비용은 얼마예요?

购物消费篇

> **谐音** 拍嗒儿逼拥恩 袄儿妈也呦
> **中文** 送货的费用是多少?

> **韩文** 고객센터 책임자가 누구입니까?
> **谐音** 沟该三涛猜哥一牟匝叴 奴孤一牟你尬
> **中文** 谁负责顾客投诉?

> **韩文** 배상해 주셨으면 하는데요.
> **谐音** 拍桑嗨 组消丝妙恩 哈嫩傣呦
> **中文** 我要求赔偿。

> **韩文** 환불할 수 있나요?
> **谐音** 欢逋拉儿 苏 因哪呦
> **中文** 能退货吗?

2. 化妆品店

> **韩文** 찾으신 물건이 있습니까?
> **谐音** 擦滋新 牟儿高妮 一丝牟你尬
> **中文** 您想买什么?

> **韩文** 마스카라를 사려고 하는데요.
> **谐音** 妈丝喀拉了儿 仨撩沟 哈嫩呆呦
> **中文** 我想买睫毛膏。

韩文 영양 크림 좀 보여 주세요.
谐音 英央 科哩牟 奏 波腰 组腮呦
中文 请给我看看营养霜。

韩文 참존 에센스를 주세요.
谐音 擦牟村 哀森丝了儿 组腮呦
中文 请给我婵真的精华。

韩文 보브 비비크림 있어요?
谐音 波逋 逼逼科哩牟 一扫呦
中文 有VOV的BB霜吗?

韩文 어디 한번 발라 볼까요?
谐音 凹低 憨奔 巴儿拉 波儿尬呦
中文 可以擦一下吗?

韩文 예전에 어느 메이커 것을 쓰셨어요?
谐音 也遭耐 凹呢 卖一考 高色儿 丝消扫呦
中文 您以前用什么牌子的?

韩文 라네즈 스킨로션을 썼었어요.
谐音 拉耐滋 丝科因漏消呢儿 臊臊扫呦
中文 我用过兰芝的乳液。

韩文 향수 냄새가 너무 진해요.

购物消费篇

> 谐音　香苏 耐牟腮咎 恼牟 机耐哟
> 中文　香水的味道太浓了。

> 韩文　이건 제 피부색에 잘 어울리지 않아요.
> 谐音　一跟 栽 批逋腮该 匝儿 凹乌儿哩机 阿那呦
> 中文　这个不适合我的肤色。

> 韩文　다른 걸로 보여 주세요.
> 谐音　塔了恩 高儿漏 波腰 组腮呦
> 中文　给我看看别的。

> 韩文　화장품은 할인이 안 돼요?
> 谐音　花脏扑们 哈哩妮 安 杜埃呦
> 中文　化妆品不打折吗?

> 韩文　샘플을 많이 주세요.
> 谐音　腮扑了儿 马妮 组腮呦
> 中文　请多给我一些试用装。

3. 市场

> 韩文　근처에 슈퍼마켓이 있어요?
> 谐音　跟糙耶 休抛妈开西 一扫呦
> 中文　这附近有超市吗?

韩文 명동 근처에 있어요.

谐音 名东跟糙耶 一扫呦

中文 在明洞附近。

韩文 뭐 사시겠어요?

谐音 摸 仁西该扫呦

中文 要买什么?

韩文 돼지고기 200 그램 주세요.

谐音 土爱机沟哥一 一百 哥来牟 组腮呦

中文 麻烦称200克猪肉。

韩文 이 고기 갈아 주세요.

谐音 一 沟哥一 旮拉 组腮呦

中文 麻烦绞一下这块肉。

韩文 이 오렌지 얼마예요?

谐音 一 欧兰机 袄儿妈也呦

中文 这橙子多少钱啊?

韩文 파인애플도 있어요?

谐音 帕一耐扑儿斗 一扫呦

中文 菠萝也有吗?

韩文 네 개에 3,000 원이에요.

购物消费篇

谐音 耐 该耶 仨牟 糙恩窝妮耶呦
中文 四个3,000元。

韩文 갈치가 신선하네요.
谐音 卡儿期咨 新骚那耐呦
中文 带鱼很新鲜。

韩文 계란은 좀 비싸네요.
谐音 开拉嫩 奏 逼萨耐呦
中文 鸡蛋有点儿贵。

韩文 왜 이렇게 비싸요?
谐音 歪 一捞开 逼萨呦
中文 怎么这么贵?

韩文 이건 수입제품이어서 가격도 비싸요.
谐音 一跟 苏一栽扑咪凹腺 咨哥腰斗 逼萨呦
中文 这是进口商品,所以很贵。

韩文 싸게 해 주실 수 있어요?
谐音 萨该 嗨 组西儿 苏 一扫呦
中文 能便宜点儿吗?

韩文 싼 것 없어요?

谐音 三 高 袄扫呦
中文 没有便宜的吗？

韩文 왜 사람들이 이렇게 많은가요?
谐音 歪 仨拉的哩 一捞开 马嫩呑呦
中文 怎么这么多人？

韩文 지금 세일 기간이거든요.
谐音 起哥牟 腮一儿 哥一呑妮高的拗
中文 现在在打折。

韩文 식초 한 병 주세요.
谐音 西凑 憨 标肮 组腮呦
中文 麻烦给一瓶食醋。

韩文 모두 5,200 원이에요.
谐音 某肚 欧糙恩 一百 郭妮耶呦
中文 总共5,200元。

韩文 거스름돈 500 원입니다.
谐音 考丝了牟 斗恩 欧百 郭妮牟你嗒
中文 找给您500元。

购物消费篇

4. 超市

韩文 샴푸가 어디 있습니까?
谐音 瞎扑旮 凹低 一丝牟你尬
中文 洗发水在哪儿？

韩文 요구르트 사려고 해요.
谐音 呦姑勒特 仨撩沟 嗨呦
中文 我想买酸奶。

韩文 이건 할인 안 해요?
谐音 一跟 哈拎 阿 奈呦
中文 这个不打折吗？

韩文 비닐봉지 하나 더 주세요.
谐音 批妮儿烹机 哈那 刀 组腮呦
中文 请多给我一个塑料袋。

韩文 조미료가 어디 있어요?
谐音 凑咪溜旮 凹低 一扫呦
中文 调味品在哪儿？

韩文 계산이 잘못 된 것 같아요.
谐音 该仨妮 匝儿牟 端 高 旮他呦
中文 账好像算错了。

1. 咨询

韩文 입장료는 한 장에 얼마예요?
谐音 一脏拗嫩 憋 脏耶 袄儿妈也呦
中文 门票多少钱一张?

韩文 어른표(어린이표) 한 장 주세요.
谐音 袄了恩票(袄哩妮飘) 憋 脏 组腮呦
中文 我买一张大人(儿童)门票。

韩文 중국어로 된 안내지도 있어요?
谐音 宗孤高漏 端 安耐机斗 一扫呦
中文 有汉语的导游图吗?

韩文 저는 현지 관광안내서를 원합니다.
谐音 草嫩 喝腰恩机 观光安耐骚了儿 窝那牟你嗒
中文 我想要一份本地的观光手册。

韩文 중국어 가이드 있어요?
谐音 宗孤高 沓一的 一扫呦
中文 有汉语导游吗?

韩文 안내비는 얼마예요?
谐音 安耐逼嫩 袄儿妈也呦
中文 导游费是多少?

韩文 종합서비스 센터는 어디예요?
谐音 宗哈臊逼丝 三涛嫩 袄低也呦
中文 综合服务中心在哪儿?

韩文 여행안내소는 어디에 있습니까?
谐音 咬航安耐艘嫩 袄低耶 一丝牟你尬
中文 旅游服务处在哪里?

韩文 시내 관광버스가 있습니까?
谐音 西耐 观光包丝旮 一丝牟你尬
中文 有没有市区观光巴士?

韩文 아침 여행단이 있습니까?
谐音 阿期牟 咬航嗒妮 一丝牟你尬
中文 有早上的旅游团吗?

韩文 여행비에 식사가 포함됩니까?
谐音 咬航逼耶 西仁旮 剖哈牟 杜埃牟你尬
中文 旅游费包括餐费吗?

韩文 언제 출발하지요?
谐音 恩在 粗儿巴拉机呦
中文 什么时候出发?

韩文 언제 돌아옵니까?

休闲娱乐篇

谐音 恩在 兜拉欧牟你尬
中文 什么时候回来？

韩文 무슨 특별한 경치가 있습니까?
谐音 牟森 特标兰 哥央期卡 一丝牟你尬
中文 有什么特别的风景？

韩文 유람할 만한 것이 있습니까?
谐音 优拉妈儿 妈南 高西 一丝牟你尬
中文 有什么地方值得参观游览？

韩文 저와 가족이 흩어졌어요. 안내방송을 사용할 수 있어요?
谐音 草挖 卡邹哥一 喝涛浇扫呦 安奈帮松儿 仁拥哈儿 苏 一扫呦
中文 我和家人走散了，能给广播一下吗？

韩文 상대방은 한국어를 모릅니다. 제가 방송해도 될까요?
谐音 桑待帮恩 憨孤高了儿 某了牟你嗒 采卡 帮松嗨兜 杜埃儿尬呦
中文 对方不懂韩语，我能自己广播吗？

韩文 …로 가는 관광버스가 몇 시에 떠나요?
谐音 …漏 卡嫩 观光包丝卡 秒 西耶 到哪呦
中文 前往……的观光车几点开车？

韩文 여기는 몇 시에 문을 닫아요?
谐音 咬哥―嫩 秒 西耶 牟呢儿 嗒嗒呦
中文 这里几点关门?

2. 观光

韩文 서울에 가본 적이 있어요?
谐音 骚乌来 卡奔 早各― 一扫呦
中文 你去过首尔吗?

韩文 처음이에요.
谐音 草俄咪耶呦
中文 这是第一次。

韩文 서울에 대한 인상이 어떻습니까?
谐音 骚乌来 呆憨 因桑― 袄到 丝牟你尬
中文 你对首尔的印象如何?

韩文 이런 계획에 대하여 무슨 의견이 있습니까?
谐音 一捞恩 该恢该 呆哈腰 牟森 一哥腰妮 一丝牟你尬
中文 你对这样的安排有什么意见?

韩文 한국에는 명승고적이 대단히 많구나.
谐音 憨孤该嫩 名僧沟遭各― 呆嗒妮 满孤那
中文 韩国的名胜古迹真多啊!

韩文 사진 좀 찍어 주실 수 있어요?
谐音 仁金 奏 寄高 组西儿 苏 一扫呦
中文 能帮我照张相吗？

韩文 같이 사진을 찍읍시다.
谐音 咯气 仁机呢儿 寄哥逋西嗒
中文 一起照张相吧？

韩文 저도 사진 한 장 찍어 드릴까요?
谐音 草兜 仁金 憨 脏 寄高 的哩儿尬呦
中文 我也帮您照一张吧？

韩文 한 장 더 찍어 주세요.
谐音 憨 脏 刀 寄高 组腮呦
中文 请再照一张。

韩文 시내구경을 하고 싶습니다. 소개해 주세요.
谐音 西耐孤哥央儿 哈沟 西丝牟你嗒 艘该嗨 组腮呦
中文 我想游览市内，请给我介绍一下。

韩文 저것은 무슨 건물입니까?
谐音 糙高森 牟森 跟牟哩牟你尬
中文 那是什么建筑？

韩文 한국의 유명한 관광지는 어디입니까?

谐音 憨孤该 有名憨 观光机嫩 袄地一牟你尬
中文 韩国著名的旅游地在哪里?

韩文 제 생각에는 제주도의 풍경은 정말 매혹적입니다.
谐音 采 三尬该嫩 栽租兜爱 鹏哥央恩 增妈儿 买鹌遭哥一牟你嗒
中文 我认为是济州岛,那儿的风光实在迷人。

韩文 서울 시내에는 관광지가 있습니까?
谐音 骚乌儿 西耐耶嫩 观光机甲 一丝牟你尬
中文 在首尔市区有没有旅游景点?

韩文 이 도시에는 어떤 박물관이 있습니까?
谐音 一 兜西耶嫩 袄灯 帮木儿瓜妮 一丝牟你尬
中文 本市有哪些博物馆?

韩文 관내를 안내할 가이드는 있습니까?
谐音 观奈了儿 安奈哈儿 甲一的嫩 一丝牟你尬
中文 馆内有解说的导游吗?

韩文 안에서 사진을 찍어도 돼요?
谐音 阿耐骚 仨机呢儿 寄高兜 杜埃呦
中文 里面能拍照吗?

韩文 야간관광은 있어요?

休闲娱乐篇

谐音 呀甘观光恩 一扫呦

中文 有夜景观光吗?

韩文 서울 남쪽에는 한국민속촌이 있어요.

谐音 骚乌儿 南奏该嫩 憨公民艘粗妮 一扫呦

中文 在首尔南面有韩国民俗村。

韩文 탈춤도 있어요?

谐音 他儿 粗牟斗 一扫呦

中文 有假面舞吗?

韩文 단풍이 정말 아름다워요.

谐音 毯烹一 增妈儿 阿了牟嗒窝呦

中文 红叶实在太美了。

韩文 산과 물이 보기 좋게 조화를 이루네요.

谐音 三瓜 牟哩 波哥一 奏该 奏花了儿 一噜奈呦

中文 山水相互辉映。

韩文 숲속의 공기는 정말 좋아요.

谐音 苏搜该 公哥一嫩 增妈儿 奏阿呦

中文 树林中的空气很新鲜。

韩文 물이 너무 맑아서 모래알까지 보이네요.

谐音 牟哩 恼牟 马旮骚 某来阿儿尬机 波一奈呦

>中文 水好清澈，连沙粒都能看见。

>韩文 좀 힘들어요.
>谐音 奏牟 喝牟的捞呦
>中文 有点儿累。

>韩文 얼마나 더 걸어야 해요?
>谐音 凹儿妈那 刀 高捞呀 嗨呦
>中文 还要走多久？

3. 酒吧

>韩文 술 한 잔 하러 갑시다.
>谐音 苏儿 憨 簪 哈捞 旮逋西嗒
>中文 一起去喝一杯吧。

>韩文 뭘 드실래요?
>谐音 牟儿 的西儿来呦
>中文 你喝什么？

>韩文 글라스로 주문이 됩니까?
>谐音 科儿拉丝漏 租牟妮 杜埃牟你尬
>中文 可以按杯点吗？

>韩文 어떤 맥주가 있어요?

谐音 凹灯 卖租旮 一扫呦
中文 都有什么啤酒？

韩文 와인을 한 잔 주세요.
谐音 挖一呢儿 憨 簪 组腮呦
中文 请给我一杯红酒。

韩文 음료를 주세요.
谐音 俄牟溜了儿 组腮呦
中文 请来点儿饮料。

韩文 가벼운 술로 주세요.
谐音 喀彪温 苏儿漏 租腮呦
中文 给我度数低的酒。

韩文 건배!
谐音 恳掰
中文 干杯！

韩文 한 잔 더 합시다.
谐音 憨 簪 刀 哈逎西嗒
中文 再喝一杯。

韩文 제가 따르겠습니다.
谐音 猜旮 大了该丝牟你嗒

中文 我来倒酒。

韩文 취했어요.
谐音 屈嗨扫呦
中文 你喝醉了。

韩文 더는 못 마시겠어요.
谐音 掏嫩 牟 马西该扫呦
中文 我不能再喝了。

韩文 오늘 제가 살게요.
谐音 欧呢儿 猜旮 仨儿该呦
中文 今天我请客。

4. 电影

韩文 우리 영화 보러 가는 것이 어떻습니까?
谐音 乌哩 英花 波捞 旮嫩 高西 袄到丝牟你尬
中文 我们去看电影怎么样?

韩文 제목이 뭐예요?
谐音 猜哞哥一 摸也呦
中文 片名是什么?

韩文 그 영화의 여 주인공 누구세요?

谐音 科 英花耶 腰 租因公 奴孤腮呦

中文 那电影的女主角是谁？

韩文 영화표 두 장 주세요.

谐音 英花票 督 脏 组腮呦

中文 请给我两张电影票。

韩文 그 시간대에는 영화표가 다 팔렸어요.

谐音 科 西肝呆耶嫩 英花票旮 嗒 趴儿撩扫呦

中文 那个时间段的电影票都卖完了。

韩文 붙은 자리로 있어요?

谐音 扑特恩 匝哩漏 一扫呦

中文 有挨着的座位吗？

韩文 간단한 간식거리를 사는 것이 어때요?

谐音 刊嗒南 甘西高哩了儿 仁嫩 高西 凹呆呦

中文 买点儿零食怎么样？

韩文 빨리 들어가자요.

谐音 爸儿哩 的捞旮匝呦

中文 快进去吧。

韩文 제 좌석이 어디지요?

谐音 猜 租阿骚哥一 袄低机呦

中文 我的座位在哪儿?

韩文 이 영화가 참 재미있었어요.
谐音 一 英花咔 擦牟 栽咪一骚扫呦
中文 这电影太有意思了。

韩文 다시 이런 영화를 안 볼 거예요.
谐音 塔西 一捞恩 英花了儿 安 波儿 高也呦
中文 再也不看这种电影了。

韩文 영화가 너무 감동적이었어요.
谐音 英花咔 孬牟 咔牟东遭哥一凹扫呦
中文 电影太感人了。

韩文 그 영화 정말 괜찮네요.
谐音 科 英花 增妈儿 观参耐呦
中文 那部电影很不错。

休闲娱乐篇

5. 唱歌

韩文 노래방에 가서 노래 부릅시다.
谐音 耨来帮耶 咔臊 耨来 逋了牟西嗒
中文 去练歌房唱歌吧。

韩文 여기 한 시간에 얼마예요?

> 谐音 咬哥一 憨 西旮耐 袄儿妈也呦
> 中文 这儿一个小时多少钱？

> 韩文 우리 더 오래 기다려야 하나요?
> 谐音 乌哩 刀 欧来 哥一嗒撩呀 哈那呦
> 中文 我们还要等很长时间吗？

> 韩文 여기 몇 시간동안 놀 수 있어요?
> 谐音 咬哥一 秒 西肝东安 耨儿 苏 一扫呦
> 中文 这儿可以玩几个小时？

> 韩文 시간 연장 해 주실 수 있으세요?
> 谐音 西肝 延脏 嗨 组西儿 苏 一丝腮呦
> 中文 能不能给我们延长点儿时间？

> 韩文 우대 받을 수 있어요?
> 谐音 乌待 巴的儿 苏 一扫呦
> 中文 有优惠吗？

> 韩文 우린 이미 예약했어요.
> 谐音 乌哩 一咪 也呀开扫呦
> 中文 我们已经预订了。

> 韩文 누구 먼저 노래 부를래요?
> 谐音 奴孤 们遭 耨来 逋了儿来呦

中文 谁先唱啊?

韩文 한 사람당 한 곡씩.
谐音 憨 仨拉牟当 憨 购细
中文 每人来一首吧。

韩文 노래 한 곡 해 봐요.
谐音 耨来 憨 购 嗨 巴呦
中文 你来一首吧。

韩文 선곡책 어디 있어요?
谐音 骚恩沟猜 袄地 一扫呦
中文 歌本在哪儿呢?

韩文 리모콘 어디 있어요?
谐音 哩哞抠恩 袄地 一扫呦
中文 遥控器在哪儿?

韩文 마이크가 고장났어요.
谐音 妈一科嘎 沟脏哪扫呦
中文 麦克风坏了。

韩文 무슨 노래 부를래요?
谐音 牟森 耨来 逋了儿来呦
中文 你要唱什么歌?

韩文 난 무슨 노래 부를지 찾아봐야 해요.
谐音 南 牟森 耨来 不了儿机 擦匹巴呀 嗨呦
中文 我找找要唱什么歌。

韩文 난 《두 사람》을 부를 거예요.
谐音 南 督 仨拉牟儿 逋了儿 高也呦
中文 我想唱《两个人》。

韩文 아주 잘 부르시는데요.
谐音 阿租 擦儿 逋了西嫩带呦
中文 唱得真好。

韩文 가수인 줄 알았어.
谐音 卡苏因 租儿 阿拉臊
中文 我还以为是歌手呢!

韩文 노래도 못 하는데, 너무 띄워 주지 마.
谐音 耨来兜 哞 哈嫩带 恼木 地窝 组机 马
中文 唱得不好,别再"捧"我了。

韩文 나 음치인데 왜 자꾸 노래 시키니?
谐音 哪 俄牟期因带 歪 匝故 耨来 西科一妮
中文 我五音不全,怎么总让我唱啊?

韩文 내가 노래를 부르면 경찰이 잡으러 와.

谐音 耐谷 耨来了儿 逋了妙恩 哥央擦哩 匹逋捞 挖
中文 我唱歌能把警察招来。

韩文 부르지 않아서 몰랐는데 잘 부르시네.
谐音 普了机 阿那骚 某儿兰嫩带 匹儿 逋了西耐
中文 不唱不知道,唱得相当好啊!

韩文 우리 시간 다 되어 가니까 마지막으로 신나는 노래 부릅시다.
谐音 乌哩 西肝 嗒 杜埃凹 旮妮尬 马机马哥漏 新那嫩 耨来 逋了逋西嗒
中文 时间快到了,唱最后一首吧!

韩文 오늘 정말 즐겁게 놀았어요.
谐音 欧呢儿 增妈儿 滋儿高该 耨拉扫呦
中文 今天玩得很开心。

韩文 기회 있으면 다시 같이 놀아요.
谐音 科一恢 一丝妙恩 嗒西 旮气 耨拉呦
中文 有机会再一起玩吧。

韩文 오늘은 여기까지.
谐音 欧呢了恩 咬哥一尬机
中文 今天就到这儿吧!

休闲娱乐篇

日常生活篇

1. 在银行

存取

韩文 예금을 하려고 왔는데요.
谐音 也哥牟儿 哈撩沟 完嫩带呦
中文 我想存钱。

韩文 저는 통장를 개설하려고 하는데요.
谐音 草嫩 通脏了儿 该骚拉撩沟 哈嫩带呦
中文 我想办个存折。

韩文 보통 예금을 하시겠어요?
谐音 剖通 也哥木儿 哈西该扫呦
中文 你想存活期的吗?

韩文 정기예금을 하고 싶어요.
谐音 增哥一也哥木儿 哈沟 西抛呦
中文 我想存定期。

韩文 정기예금이 보통예금보다 이자가 많아요.
谐音 增哥一也哥咪 波通也哥牟波嗒 一匹咋 马那呦
中文 定期存款比活期存款利息多。

韩文 이 신청서에 성함과 주소를 기입하세요.

日常生活篇

谐音 一 新曾骚耶 僧哈牟瓜 租艘了儿 哥——趴腮呦
中文 请在这儿填一下姓名和地址。

韩文 비밀번호와 날짜도 쓰셔야 해요.
谐音 批咪儿包耨挖 哪儿匝兜 丝消呀 嗨呦
中文 请写一下密码和日期。

韩文 신청서를 다 썼어요.
谐音 新曾骚了儿 嗒 臊扫呦
中文 填完了。

韩文 잠깐만 기다리세요.
谐音 擦牟尬慢 哥——嗒哩腮呦
中文 稍等一下。

韩文 통장 여기 있습니다.
谐音 通脏 咬哥—— 一丝牟你嗒
中文 给您存折。

韩文 돈을 찾으려는데요.
谐音 偷呢儿 擦滋撩嫩带呦
中文 我想取钱。

韩文 우선 예금인출서를 작성해 주세요.
谐音 乌森 也哥民粗儿骚了儿 匝僧嗨 组腮呦
中文 稍等,先把取款单填一下。

韩文 모두 현금으로 드릴까요?

谐音 某督 喝腰恩哥牟漏 的哩儿尬呦

中文 您全部要现金吗?

韩文 10만원은 현금으로 주세요.

谐音 星妈诺嫩 喝腰恩哥牟漏 组腮呦

中文 请给我10万元现金。

韩文 10만원은 수표로 주세요.

谐音 星妈诺嫩 苏飘漏 组腮呦

中文 请给10万元支票。

韩文 수표는 수수료가 있습니다.

谐音 苏飘嫩 苏苏溜旮 一丝牟你嗒

中文 支票是要付手续费的。

韩文 어디에 싸인해요?

谐音 袄地耶 仨一耐呦

中文 在哪里签字?

韩文 이 수표를 제 계좌에 입금시켜 주세요.

谐音 一 苏飘了儿 栽 该租阿耶 一哥牟西科腰 组腮呦

中文 把这张支票存到我的账户吧。

韩文 제 계좌의 모든 돈을 인출하려고 합니다.

日常生活篇

谐音 采 该租阿哀 某的恩 兜呢儿 因粗拉撩沟 哈牟你嗒
中文 我要把我账户的全部存款取出来。

韩文 내 잔고는 어느 정도입니까?
谐音 耐 簪沟嫩 衻呢 增兜一牟你尬
中文 我的账上的余款是多少？

挂失

韩文 제 통장을 잃어버렸어요.
谐音 采 通脏儿 一捞包撩扫呦
中文 我的存折丢了。

韩文 어디에서 분실신고수속을 합니까?
谐音 衻低耶骚 奔西儿新沟苏艘哥儿 哈牟你尬
中文 在哪里办理挂失？

韩文 무슨 수속이 필요해요?
谐音 牟森 苏艘哥一 批溜嗨呦
中文 需要什么手续？

韩文 무슨 증명서가 필요해요?
谐音 牟森 增名骚旮 批溜嗨呦
中文 需要什么证明？

韩文 수속비는 얼마예요?
谐音 苏艘逼嫩 袄儿妈也呦
中文 需要多少手续费?

韩文 곧 끝낼 수 있을까요?
谐音 购 跟耐儿 苏 一色儿尬呦
中文 能马上办好吗?

韩文 분실표를 써 주세요.
谐音 奔西儿飘了儿 腺 组腮呦
中文 请填写挂失单。

韩文 계좌번호를 알려 주세요.
谐音 该租阿包耨了儿 阿儿撩 组腮呦
中文 请提供您的存折账号。

韩文 외국인등록증명서를 제시하세요.
谐音 歪孤哥因灯漏增名骚了儿 栽西哈腮呦
中文 请出示您的外国人登记证。

韩文 ATM기계가 내 카드를 삼켜버렸어요.
谐音 ATM哥一该呑 耐 喀的了儿 仨牟 科腰包撩扫呦
中文 我的卡被自动提款机吞掉了。

韩文 전화번호를 알려 주세요.

日常生活篇

143

> 谐音 草奴阿包耨了儿 阿儿撩 组腮呦
>
> 中文 请告诉我您的电话号码。

兑换

> 韩文 환전하려고 왔는데요.
>
> 谐音 欢遭哪撩沟 完嫩带呦
>
> 中文 我来换钱。

> 韩文 얼마나 바꾸어 드릴까요?
>
> 谐音 袄儿妈那 巴顾凹 的哩儿尬呦
>
> 中文 您要换多少?

> 韩文 100달러를 한국돈으로 바꾸려고 해요.
>
> 谐音 掰嗒儿捞了儿 憨孤兜呢漏 巴顾撩沟 嗨呦
>
> 中文 想换100美金。

> 韩文 오늘 환율이 어떻게 됩니까?
>
> 谐音 欧呢儿 欢妞哩 袄到开 杜埃牟你尬
>
> 中文 今天比价是多少?

> 韩文 일달러에 천백오십원입니다.
>
> 谐音 一儿 嗒儿捞耶 糙恩掰沟西波妮牟你嗒
>
> 中文 一美元兑换1150韩元。

韩文 신용카드도 괜찮습니까?
谐音 新妞拥喀的兜 观参丝牟你尬
中文 信用卡也行吗?

韩文 환전소는 어디 있어요?
谐音 欢遭恩艘嫩 袄地 一扫呦
中文 交换所在哪?

韩文 호텔이나 은행에 다 있어요?
谐音 齁胎哩那 俄耐肮耶 嗒 一扫呦
中文 酒店或银行都有吗?

韩文 여기서 돈을 바꿀 수 있어요?
谐音 咬哥一骚 兜呢儿 巴顾儿 苏 一扫呦
中文 这里可以换钱吗?

韩文 이 서류에 써 넣으세요.
谐音 一 骚溜耶 臊 恼俄腮呦
中文 请填写这张单子。

韩文 환율은 얼마입니까?
谐音 花妞了恩 袄儿妈一牟你尬
中文 汇率是多少?

韩文 이 여행자 수표를 현금으로 바꿔 주세요.

日常生活篇

谐音 一 要航匦 苏飘了儿 喝腰恩哥牟漏 巴郭 组腮呦
中文 请把这张旅行支票换成现金。

韩文 돈을 바꿀 때 여권이 필요합니까?
谐音 偷呢儿 巴顾儿 带 要郭妮 批溜哈牟你尬
中文 换钱的时候需要护照吗?

韩文 잔돈으로 바꿔 주세요.
谐音 簪兜呢漏 巴郭 组腮呦
中文 请帮我换点儿零钱。

韩文 여권과 돈을 받아 주세요.
谐音 咬滚瓜 兜呢儿 巴嗒 组腮呦
中文 这是您的护照和钱。

2. 在邮局

韩文 이 편지를 중국에 부치려고 합니다.
谐音 一 飘恩机了儿 宗孤该 逋期撩沟 哈牟你嗒
中文 我要把这封信寄到中国。

韩文 편지봉투가 있어요?
谐音 飘恩机烹突卡 一扫呦
中文 有信封吗?

韩文 얼마짜리 우표를 붙여야 합니까?
谐音 袄儿妈匝哩 乌飘了儿 逋敲呀 哈牟你尬
中文 要贴多少钱的邮票?

韩文 50원짜리 우표 두 장 주세요.
谐音 欧西奔匝哩 乌飘 督 脏 组腮哟
中文 我买两张50元的邮票。

韩文 기념우표를 주세요.
谐音 科一 尿牟乌飘了儿 组腮哟
中文 我买纪念邮票。

韩文 풀 쓸 수 있어요?
谐音 扑儿 丝儿 苏 一扫哟
中文 能用一下胶水吗?

韩文 소포를 중국에 부치려고 해요.
谐音 艘剖了儿 宗孤该 逋期撩沟 嗨哟
中文 我想把这个包裹寄到中国。

韩文 보통우편으로 보낼까요?
谐音 波通乌飘呢漏 波耐儿尬哟
中文 平邮吗?

韩文 항공편으로 보내 주세요.

日常生活篇

谐音 航空飘呢漏 波耐 组腮呦
中文 寄航空。

韩文 배편으로 얼마나 걸립니까?
谐音 拍飘呢漏 袄儿妈那 高儿 哩牟你尬
中文 如果海运需要多少时间?

韩文 그안에 뭐가 들어 있어요?
谐音 科阿耐 摸夸 的捞 一扫呦
中文 里面装的是什么?

韩文 옷이에요.(바지)
谐音 欧西耶呦(巴机)
中文 是衣服(裤子)。

韩文 포장을 다시 해야 해요.
谐音 剖脏儿 嗒西 嗨呀 嗨呦
中文 需要重新包装。

韩文 어떻게 포장하면 돼요?
谐音 袄到开 剖脏哈妙恩 杜埃呦
中文 怎么包装才可以?

韩文 포장용 상자를 사세요. 10,000원입니다.
谐音 剖脏拥 桑匝了儿 仨腮呦 马诺妮牟你嗒

中文 请买包装用的纸盒箱,是10,000元。

韩文 소포 값은 무게에 따라 계산합니다.
谐音 艘剖 旮森 木该耶 嗒拉 该仁那牟你嗒
中文 邮费按重量计算。

韩文 소포명세서에 써 주세요.
谐音 艘剖名腮骚耶 臊 组腮呦
中文 请填一下包裹单。

韩文 부치는 비용은 10,000원입니다.
谐音 普期嫩 逼拥恩 马诺妮牟你嗒
中文 邮费是10,000元。

韩文 수취인이 소포를 받지 못하면 어떻게 돼요?
谐音 苏屈一妮 艘剖了儿 巴机 牟他妙恩 凹到开 杜埃呦
中文 请填一下包裹单。

韩文 제 주소도 여기에 적어야 해요?
谐音 猜 租艘斗 腰哥一耶 遭高呀 嗨呦
中文 我要写明自己的地址吗?

韩文 소포 찾으러 왔는데요.
谐音 艘剖 擦滋捞 挖嫩带呦
中文 我来取包裹。

日常生活篇

韩文 팩스를 보내려고 해요.
谐音 拍丝了儿 波耐撩沟 嗨呦
中文 我想发传真。

韩文 수신자 전화번호를 정확하게 적어 주세요.
谐音 苏新匝 遭奴阿包耨了儿 增花喀该 遭高 组腮呦
中文 请准确地写出收信人的电话号码。

韩文 팩스가 들어가지 않는데요?
谐音 拍丝卡 的捞卡机 安嫩带呦
中文 怎么发不出去呀?

韩文 다시 한번 해 보세요.
谐音 塔西 憨奔 嗨 波腮呦
中文 您再发一次。

韩文 조금 있다가 다시 해 봅시다.
谐音 凑哥牟 一嗒卡 嗒西 嗨 波逼西嗒
中文 过会儿重发吧。

韩文 한 글자에 얼마예요?
谐音 憨哥儿匝耶 袄儿妈也呦
中文 每字多少钱?

3. 在洗衣店

韩文 이 옷 좀 세탁해 주세요.
谐音 一 欧 奏 腮他开 组腮呦
中文 请给我洗一下这件衣服。

韩文 세탁할 옷이 모두 두 벌입니다.
谐音 腮他咯儿 欧西 哞督 督 包哩牟你嗒
中文 一共有两件衣服要洗。

韩文 드라이 크리닝으로 해 주세요.
谐音 特拉一 科哩宁俄漏 嗨 组腮呦
中文 请给我干洗。

韩文 잘 다려 주세요.
谐音 擦儿 嗒撩 组腮呦
中文 请给我好好熨一熨。

韩文 이 바지의 지퍼를 갈아 주세요.
谐音 一 巴机爱 机抛了儿 旮拉 组腮呦
中文 请把裤子拉链换一下。

韩文 언제쯤 찾을 수 있을까요?
谐音 袄恩在滋牟 擦滋儿 苏 一色儿尬呦
中文 什么时候可以取衣服?

日常生活篇

韩文 내일이면 다 됩니다.

谐音 耐一哩妙恩 嗒 杜埃牟你嗒

中文 明天就可以取。

韩文 그럼 잘 부탁드리겠어요.

谐音 科捞牟 匹儿 逋他哩该扫呦

中文 那就拜托你了。

韩文 옷을 찾으러 왔는데요.

谐音 欧色儿 擦滋捞 完嫩带呦

中文 我来取衣服。

韩文 언제 뭘 맡기셨죠?

谐音 恩栽 摸儿 马科一削就

中文 什么时候送的?

韩文 그저께 옷을 맡겼는데요.

谐音 科遭盖 欧色儿 马科腰嫩带呦

中文 前天送的衣服。

韩文 보관 영수증을 가져 왔어요?

谐音 剖观 杨苏增儿 卡浇 挖扫呦

中文 有没有取衣单?

韩文 이 옷이 깨끗하게 세탁하지 않았어요.

> 谐音 — 欧西 盖哥他该 腮他喀机 安那扫呦
> 中文 这件衣服没有洗干净。

4. 在理发店

> 韩文 이발하려면 얼마나 기다려야 합니까?
> 谐音 一巴拉撩妙恩 袄儿妈那 哥一嗒撩呀 哈牟你尬
> 中文 理发要等多长时间?

> 韩文 저 헤어스타일책 좀 볼 수 있을까요?
> 谐音 草 嗨凹丝它一儿猜 奏 波儿 苏 一色儿尬呦
> 中文 我可以看看发型设计书吗?

> 韩文 먼저 머리를 감으세요.
> 谐音 们遭 猫哩了儿 尕牟腮呦
> 中文 先洗洗头吧。

> 韩文 면도하시겠습니까?
> 谐音 妙恩斗哈西该丝牟你尬
> 中文 要刮脸吗?

> 韩文 어떤 모양으로 깎겠습니까?
> 谐音 袄灯 某央俄漏 尬该丝牟你尬
> 中文 你想剪什么样的?

日常生活篇

韩文 어울리게 알아서 해 주세요.

谐音 祆乌儿哩该 阿拉骚 嗨 组腮呦

中文 师傅，你看着给我弄吧。

韩文 월래 모양대로 해 주세요.

谐音 窝儿来 某央待漏 嗨 组腮呦

中文 照原来的样子弄吧。

韩文 깔끔하게 다듬어 주세요.

谐音 尬儿哥妈该 嗒的猫 组腮呦

中文 把头发剪得利索些。

韩文 짧게 잘라 주세요.

谐音 匹儿该 匹儿拉 组腮呦

中文 给我剪短点。

韩文 스트레이트파마 해 주세요.

谐音 丝特来一特趴妈 嗨 组腮呦

中文 我要烫直板。

韩文 스포츠로 깎아 주세요.

谐音 丝剖疵漏 尬旮 组腮呦

中文 给我剪个运动头型。

韩文 단정하게 잘라 주세요.

谐音 但增哈该 匣儿拉 组腮呦
中文 剪得端庄点儿。

韩文 파마를 하겠습니다.
谐音 趴妈了儿 哈该丝牟你嗒
中文 我想烫发。

韩文 웨이브파마 해 주세요.
谐音 歪一逋趴妈 嗨 组腮呦
中文 烫个大波浪。

韩文 디지털파마 해 주세요.
谐音 体机涛儿趴妈 嗨 组腮呦
中文 给我做数码烫吧。

韩文 염색해 주세요.
谐音 腰牟腮开 组腮呦
中文 我要染发。

韩文 노란색으로 염색해 주세요.
谐音 耨兰腮哥漏 腰牟腮开 组腮呦
中文 把头发染成黄色的。

韩文 이 정도로 하면 어떻습니까?

日常生活篇

谐音 一 增兜漏 哈妙恩 袄到 丝牟你尬
中文 这样怎么样?

韩文 네, 마음에 들어요.
谐音 耐 马俄卖 的捞呦
中文 好，很满意。

韩文 아니오, 마음에 안 들어요.
谐音 阿妮欧 马俄卖 安 的捞呦
中文 我不满意。

5. 在洗浴中心

韩文 목욕비가 얼마예요?
谐音 牟哥优逼旮 凹儿也呦
中文 洗浴多少钱?

韩文 샴푸는 안에 있지요?
谐音 瞎牟扑嫩 阿耐 一机呦
中文 里面有洗发水吧?

韩文 여기 때밀이 아줌마 있어요?
谐音 腰哥一 带咪哩 阿租妈 一扫呦
中文 这里有搓身的大婶吗?

韩文 때수건 하나 주세요.
谐音 带苏跟 哈那 组腮呦
中文 请给我一个搓澡巾。

韩文 등 미는데 얼마예요?
谐音 灯 咪嫩呆 凹儿妈也呦
中文 搓背多少钱?

韩文 등 좀 밀어 주세요.
谐音 灯 邹牟 咪捞 租腮呦
中文 请给我搓背。

韩文 먼저 몸을 푹 퍼지우세요.
谐音 们遭 牟摸儿 扑 抛机乌腮呦
中文 先泡泡身子。

韩文 발 안마 해 주세요.
谐音 扒儿 安妈 嗨 租腮呦
中文 请给我做个足疗。

韩文 전신안마 부탁드립니다.
谐音 岑新安妈 逋他的哩牟你嗒
中文 请给我做个全身按摩。

韩文 너무 더워서 땀이 비 오듯 하네요.

日常生活篇

谐音 恼牟 刀窝骚 大咪 逼 欧的 哈耐呦
中文 太热了,汗如雨下。

韩文 저는 참지 못하겠으니 먼저 나갈게요.
谐音 草嫩 擦牟机 牟他该丝妮 们遭 那各儿该呦
中文 我受不了了,先出去了。

韩文 여기 샤워기가 고장났어요.
谐音 腰哥一 瞎窝哥一各 沟脏那扫呦
中文 这个淋浴坏了。

韩文 이 목욕탕은 별로 깨끗하지 않아요.
谐音 一 牟哥优汤恩 彪儿漏 该哥他机 安那呦
中文 这家洗澡堂不太干净。

6. 在医院

韩文 저를 데리고 병원에 가 주시겠어요?
谐音 草了儿 呆哩购 标肮窝耐 各 租因该扫呦
中文 我要去医院,能带我去吗?

韩文 접수처가 어디에 있어요?
谐音 遭苏糙各 袄地耶 一扫呦
中文 挂号处在哪里?

韩文 병원에서 중국어를 아는 분이 있어요?
谐音 飘肮窝耐腺 宗孤高了儿 阿嫩 逋妮 一扫呦
中文 你们医院里有懂汉语的吗?

韩文 제가 내과(외과, 응급실)를 접수하려고 하는데요.
谐音 采旮 耐瓜（歪瓜 恩哥西儿）了儿 遭苏哈撩沟 哈嫩带呦
中文 我挂内科（外科、急诊）。

韩文 내과(외과, 응급실)가 어디예요?
谐音 耐瓜（外瓜 恩哥西儿）旮 袄地也呦
中文 内科（外科、急诊）在哪儿?

韩文 어디가 아파요?
谐音 袄地旮 阿趴呦
中文 哪里不舒服?

韩文 여기가 아파요.
谐音 咬各一旮 阿趴呦
中文 这里很疼。

韩文 온 몸이 불편해요.
谐音 欧恩 某咪 逋儿飘耐呦
中文 我感到不舒服。

日常生活篇

> **韩文** 몸살이 있습니다.
> **谐音** 哞仁哩 一丝牟你嗒
> **中文** 四肢酸痛。

> **韩文** 코가 막혔어요.
> **谐音** 抠旮 马科腰扫呦
> **中文** 鼻塞。

> **韩文** 열이 납니다.
> **谐音** 咬哩 那牟你嗒
> **中文** 我发烧。

> **韩文** 기침이 나고 콧물이 흐릅니다.
> **谐音** 科一期咪 哪购 空牟哩 喝了牟你嗒
> **中文** 又咳嗽，还流鼻涕。

> **韩文** 머리가 아파요.
> **谐音** 猫哩旮 阿趴呦
> **中文** 我头疼。

> **韩文** 저는 손에 상처를 입었어요.
> **谐音** 草嫩 艘耐 桑糙了儿 一包扫呦
> **中文** 我手受伤了。

> **韩文** 그는 자동차 사고로 팔이 부러졌대요.

>谐音 科嫩　匝东擦　仨购漏　趴哩　逋捞浇带呦
>中文 他被车撞了胳膊。

>韩文 그가 발목을 삐었대요.
>谐音 科嗒　巴儿哞各儿　必凹傣呦
>中文 他把脚扭伤了。

>韩文 그는 감기에 걸렸어요.
>谐音 科嫩　呇牟　各一耶　高儿撩扫呦
>中文 他得了感冒。

>韩文 이 쪽에서 검사 합시다.
>谐音 一　奏该骚　高牟仨　哈逋西嗒
>中文 到这边来检查一下吧。

>韩文 체온(혈압)을 재 주세요.
>谐音 猜欧(喝腰拉)呢儿　栽　组腮呦
>中文 量一下体温。

>韩文 여기에 누우세요.
>谐音 腰各一耶　奴乌腮呦
>中文 请躺在这里。

>韩文 옷은 살짝 푸세요, 청진해 보겠습니다.
>谐音 欧森　仨儿匝　扑腮呦　仓机耐　波该丝牟你嗒

日常生活篇

中文 把衣服解开一下,我听一下。

韩文 이제 소독만 하면 됩니다.
谐音 一栽 艘东慢 哈妙恩 杜埃牟你嗒
中文 消一下毒就可以了。

韩文 혈액 검사(오줌 검사) 한번 해 주세요.
谐音 喝腰来 高牟仨(欧租牟 高牟仨)憨奔 嗨 组腮呦
中文 请做一下验血(尿检)。

韩文 주사를 놓으세요.
谐音 组仁了儿 耨俄腮呦
中文 请去打针。

韩文 아스피린을 한번 드셔 보세요.
谐音 阿斯批哩呢儿 憨奔 的削 波腮呦
中文 先吃点儿阿司匹林看看。

韩文 몇 알씩 먹어야 하나요?
谐音 秒 阿儿西 猫高呀 哈哪呦
中文 一次吃几片?

韩文 한번에 한 알씩만 복용하십시오.
谐音 憨包耐 憨 阿儿星慢 逋哥拥哈西逋休
中文 一次服用一片。

韩文 얼마나 자주 이 약을 복용해야 됩니까?

谐音 袄儿妈那 匝租 一 呀哥儿 逋哥拥嗨呀 杜埃牟你尬

中文 这药要多长时间服用一次?

韩文 매 5시간마다 한 알씩 복용하세요.

谐音 买 喀扫西肝妈嗒 憨 阿儿细 逋哥拥哈腮呦

中文 每五个小时服用一粒。

韩文 2주동안 유행성 감기를 앓았어요.

谐音 一租东安 有航僧 旮牟 哥一 了儿 阿拉扫呦

中文 两周将会治好这流行性感冒。

韩文 돌아가서 쉬세요.

谐音 偷拉旮骚 需腮呦

中文 回去多休息。

韩文 매운 음식 드시지 마세요.

谐音 买温 俄牟西 的西机 马腮呦

中文 不要吃辣的食物。

韩文 약을 찾으러 왔어요.

谐音 呀哥儿 擦滋描 洼扫呦

中文 我是来取药的。

韩文 진단서(입원증명)를 좀 떼 주세요.

日常生活篇

谐音 金丹骚（一遄恩增名）了儿 奏 带 组腮呦
中文 请给我开一张诊断书（住院证明）。

韩文 회복이 빠르네요.
谐音 恢逋各一 巴了耐呦
中文 恢复得很好。

韩文 이제 다 나았다고 보면 됩니다.
谐音 一栽 嗒 哪阿嗒沟 波妙恩 杜埃牟你嗒
中文 看样子现在基本已经好了。

韩文 오늘 상태가 많이 호전됐네요.
谐音 欧呢儿 桑胎旮 马妮 齁遭恩端耐呦
中文 今天的状态好多了。

韩文 이후에도 주의하세요.
谐音 一户耶兜 组一哈腮呦
中文 以后要多注意。

韩文 치료는 이미 다 끝났어요.
谐音 期溜嫩 一咪 嗒 跟那扫呦
中文 治疗已经全部结束了。

韩文 오늘 이후에 검사하러 오지 않아도 되죠?
谐音 欧呢儿 一户耶 高牟仁哈捞 欧机 阿那兜 杜埃就

中文 今天结束以后，就不用再过来复查了吧？

韩文 필요 없습니다.
谐音 批溜 袄丝牟你嗒
中文 没有必要了。

7. 在学校

韩文 무슨 학교에 다닙니까?
谐音 牟森 哈哥呦哀 嗒妮牟你尬
中文 在哪所学校读书？

韩文 서울대학교에 다닙니다.
谐音 骚屋儿呆哈哥呦耶 嗒妮牟你嗒
中文 首尔大学。

韩文 전공은 무엇입니까?
谐音 增公恩 牟袄西牟你尬
中文 学什么专业？

韩文 심리학을 전공하였습니다.
谐音 西牟哩哈哥儿 增公哈腰丝牟你嗒
中文 我的专业是心理学。

韩文 학교생활이 어때요?

谐音 哈哥呦三花哩 袄待呦
中文 学校生活怎么样?

韩文 한국말을 잘 몰라서 힘들지만 재미있어요.
谐音 憨公妈了儿 匝儿 某儿拉骚 黑牟 的儿机慢 栽咪一扫呦
中文 因为不会韩国语,生活很困难,但是很有趣。

韩文 학교는 어디에 있어요?
谐音 哈哥呦嫩 袄低耶 一扫呦
中文 学校在哪儿?

韩文 서울에 있어요.
谐音 骚屋来 一扫呦
中文 在首尔。

韩文 하숙집을 잡았어요?
谐音 哈苏机遁儿 匝巴扫呦
中文 住在寄宿房吗?

韩文 학교에 다니면서 기숙사에 있었어요.
谐音 哈哥呦哀 嗒你面骚 各一苏仁哀 一臊扫呦
中文 上学的时候住在宿舍。

韩文 이번 주말에 뭘 하나요?
谐音 一奔 租妈来 牟儿 哈哪呦

中文 这周末干什么?

韩文 룸메이트랑 같이 63빌딩에 가기로 했어요.
谐音 噜买一特朗 卡气 呦三逼儿叮耶 卡哥一漏 嗨扫呦
中文 说好和室友一起去63大厦。

韩文 한국어가 참 어려워요.
谐音 憨姑高卡 擦牟 袄撩窝呦
中文 韩国语真难。

韩文 방학에는 뭘 할 예정입니까?
谐音 庞哈该嫩 牟儿 哈儿 也增一牟你尬
中文 假期有什么打算?

韩文 부산에 여행을 가려고 해요.
谐音 扑仨奈 咬航儿 卡撩沟 嗨呦
中文 想去釜山旅游。

韩文 아르바이트를 하고 싶습니다.
谐音 阿了巴一特了儿 哈沟 西丝牟你嗒
中文 想打工。

韩文 어느 교실에서 수업을 하나요?
谐音 袄呢 哥呦西来骚 苏袄逋儿 哈那呦
中文 在哪个教室上课?

日常生活篇

韩文 *호 교실에서 수업을 받아요.

谐音 *齁 哥呦西来骚 苏袄遥儿 巴嗒呦

中文 在*号教室上课。

韩文 졸업을 하고 뭘 할 예정입니까?

谐音 凑捞遥儿 哈沟 牟儿 哈儿 也增一牟你尬

中文 毕业有什么打算?

韩文 사법고시를 볼까 생각 중입니다.

谐音 仁包沟西了儿 波儿尬 三咯 宗一牟你嗒

中文 我想参加司法考试。

8. 在公司

韩文 어서 일을 시작합시다.

谐音 袄骚 一了儿 西匝咯遥西嗒

中文 快开始工作吧。

韩文 할 일이 많아요.

谐音 哈 哩哩 马那呦

中文 要做的事很多。

韩文 지금 바빠 죽겠어.

谐音 期哥牟 巴爸 租该骚

中文 忙死了。

韩文 죄송하지만 지금 좀 바쁜데요.

谐音 粗爱松哈机慢 机哥牟 奏 巴奔呆呦

中文 对不起,我现在很忙。

韩文 퇴근 전까지 이 일을 끝낼 수 있나요?

谐音 图爱跟 怎尬机 一 一了儿 跟奈儿 苏 因那呦

中文 下班前能完成这项工作吗?

韩文 네. 그럴 것 같은데요.

谐音 奈 科捞儿 高 旮特恩呆呦

中文 是的,应该差不多。

韩文 좀 어려운 것 같은데요.

谐音 奏 袄撩温 高 旮特恩呆呦

中文 有点儿难度。

韩文 내일 끝내도 안 돼나요?

谐音 奈一儿 跟奈兜 安 杜埃那呦

中文 明天结束不行?

韩文 이 서류를 어떻게 작성하죠?

谐音 一 骚溜了儿 袄到开 匝僧哈就

中文 这份文件应该怎么起草?

韩文 이 보고서를 좀 복사해 주시겠어요?

谐音 一 波沟骚了儿 奏 波仁嗨 组西该扫呦
中文 能给我复印一下这份报告吗?

韩文 몇 부 복사해 드릴까요?
谐音 秒 逋 波仁嗨 的哩儿尬呦
中文 要几份?

韩文 회의는 언제 있습니까?
谐音 恢一嫩 恩栽 一丝牟你尬
中文 会议什么时候开始?

韩文 회의는 얼마나 오래 걸리죠?
谐音 恢一嫩 袄儿妈那 欧来 高儿哩就
中文 会议要持续多久?

韩文 아마 10시에 끝날 겁니다.
谐音 阿妈 腰儿西耶 跟那儿 高牟你嗒
中文 大概10点能结束。

韩文 책상 위에 메모가 있습니다.
谐音 猜桑 迂耶 买牟旮 一丝牟你嗒
中文 桌上有便条。

韩文 중요한 전화가 와 있는데요.
谐音 聪呦憨 遭奴阿旮 挖 因嫩呆呦
中文 来了个重要的电话。

韩文 점심 시간이 다 됐네요.
谐音 遭牟 西牟 西旮妮 嗒 杜埃奈呦
中文 午餐时间到了。

韩文 오늘 수고했습니다.
谐音 欧呢儿 苏沟嗨丝牟你嗒
中文 今天辛苦了。

韩文 오늘도 야근해야 돼요.
谐音 欧呢儿斗 呀哥奈呀 杜埃呦
中文 今天要加班。

韩文 벌써 퇴근 시간이 다 됐네요.
谐音 包儿膫 图爱跟 西旮妮 嗒 杜埃奈呦
中文 已经下班了。

求助支援篇

1. 问路

韩文 여기가 어디인가요?
谐音 腰哥一沓 袄低因尬呦
中文 这是哪儿?

韩文 길을 잃었어요.
谐音 科一 了儿 一捞扫呦
中文 我迷路了。

韩文 부산역에 어떻게 가야 하나요?
谐音 逋仁尿该 袄到开 嘎呀 哈哪呦
中文 请问去釜山站应该怎么走?

韩文 저는 외국인이에요, 저는 여기 길이 익숙치 않아요.
谐音 草嫩 歪孤哥因一耶呦 草嫩 咬哥一 哥一哩 一苏期 阿那呦
中文 我是外国人,不太熟悉这儿的路线。

韩文 어디에서 환승해야 하나요?
谐音 袄地耶骚 欢僧嗨呀 哈哪呦
中文 得在哪儿倒车啊?

韩文 어떻게 가야 되죠?
谐音 袄到开 嘎呀 杜埃就

求助支援篇

中文 得怎么走?

韩文 저는 내리려는 역을 지나쳤어요. 어떡해요?
谐音 草嫩 耐哩撩嫩 腰哥儿 机那敲扫呦 袄到开呦
中文 我坐过站了,该怎么办呢?

韩文 제가 틀린 곳으로 갔군요.
谐音 采旮 特儿拎 沟丝漏 旮孤拗
中文 我走错地方了。

韩文 저는 차를 잘못 탔어요.
谐音 草嫩 擦了儿 擦儿哞 他扫呦
中文 我坐错车了。

韩文 부근에 화장실이 있어요?
谐音 普哥耐 花脏西哩 一扫呦
中文 附近有洗手间吗?

韩文 공중전화가 어디에 있어요?
谐音 公宗遭奴阿旮 袄地耶 一扫呦
中文 公共电话在哪里?

韩文 상점은 어디에 있어요?
谐音 桑遭闷 袄地耶 一扫呦
中文 商店在哪里?

韩文 보관소가 어디예요?
谐音 波观艘дţ 袄地也呦
中文 寄存处在哪里?

2. 帮忙

韩文 저 좀 도와 주실 수 있으세요?
谐音 草 奏 兜挖 组西儿 苏 一丝腮呦
中文 能帮下忙吗?

韩文 저를 좀 도와 주시겠습니까?
谐音 草了儿 奏 兜挖 组西该丝牟你尬
中文 可否帮我一下?

韩文 (당신은) 이 문제를 해결해 주시겠습니까?
谐音 (唐西嫩) 一 门栽了儿 嗨哥腰来 组西该丝牟你尬
中文 请帮我解决这个问题好吗?

韩文 전화 좀 해 줘요. 번호는…
谐音 草奴阿 奏 嗨. 左呦 包耨嫩…
中文 请帮我打个电话,号码是……

韩文 불 좀 빌려 주시겠습니까?
谐音 扑儿 奏 逼儿撩 组西该丝牟你尬
中文 请借个火,好吗?

韩文 택시를 불러 주십시오.
谐音 胎西了儿 逋儿捞 组西逋休
中文 请帮我叫一辆出租车。

韩文 짐이 너무 무거워요. 도와 주실 수 있어요?
谐音 机咪 恼木 牟高我呦 偷挖 组西儿 苏 一扫呦
中文 对不起,行李太重,能帮我一下吗?

韩文 역에 포터가 있어요? 불러 주실 수 있어요?
谐音 腰该 剖涛旮 一扫呦 不儿捞 组西儿 苏 一扫呦
中文 车站里有收费运行李的服务吗? 能帮我叫一下吗?

韩文 표 한 장 사 주십시오.
谐音 票 憨 脏 仨 组西逋休
中文 请帮我买一张票。

韩文 승무원(차장)을 불러 주시겠어요?
谐音 僧木温(擦脏)儿 逋儿捞 组西该呦
中文 能帮我叫一下乘务员(车长)吗?

韩文 제가 이 양식에 기입하는 것을 도와 주십시오.
谐音 采旮 一 央西该 各一一趴嫩 高色儿 兜挖组西部休
中文 请帮我填写这份表格。

韩文 제 연필 좀 찾아 주시겠어요?

- 谐音 采 延批儿 奏 擦匝 组西该扫哟
- 中文 能帮我找一下铅笔吗？

- 韩文 제 차가 사고 났습니다. 경찰을 불러 주세요.
- 谐音 采 擦旮 仨沟 哪丝牟你嗒 哥央擦了儿 不儿捞组腮哟
- 中文 我的车出事故了，请叫警察。

3. 遭窃

- 韩文 차에 도둑이 있어요, 제 지갑을 도둑맞았어요.
- 谐音 擦耶 兜督哥一 一扫哟 采 机旮遘儿 兜督马匝扫哟
- 中文 车上有小偷，我的钱包被偷了。

- 韩文 제 여권이 잃어버렸어요.
- 谐音 猜 腰锅妮 一捞包撩扫哟
- 中文 我护照丢了。

- 韩文 죄송하지만 기차표를 잃어버렸어요.
- 谐音 促癌松哈机慢 哥一擦飘了儿 一捞包撩扫哟
- 中文 对不起，车票丢了。

- 韩文 제 카메라를 본 적이 있어요?
- 谐音 猜 喀卖拉了儿 奔 遭哥一 一扫哟
- 中文 你看过我的相机了吗？

韩文 제 핸드폰을 도둑맞았어요.
谐音 采 憨的喷呢儿 兜督马匹扫呦
中文 我的手机被偷了。

韩文 제 물품을 다 잃어버렸으니 지금 어떻게 해요?
谐音 采 牟儿普牟儿 嗒 一捞包撩丝妮 机哥牟 袄到开 嗨呦
中文 我所有的东西都丢了,现在怎么办?

4. 呼救

韩文 사람 살려!
谐音 仨拉牟 仨儿撩
中文 救命!

韩文 도둑이야!
谐音 投督哥一呀
中文 打劫了!

韩文 사람이 물에 빠졌어요!
谐音 仨拉咪 木来 巴浇扫呦
中文 有人溺水了!

韩文 도둑을 잡아!
谐音 兜督哥儿 匝巴

>中文 抓小偷啊!

>韩文 빨리 도와 줘!
>谐音 爸儿哩 兜挖 左
>中文 快来帮忙啊!

>韩文 빨리 와. 큰일 났구나!
>谐音 巴儿哩 挖 科妮儿 哪孤那
>中文 快来人啊,出事了!

>韩文 사람이 쓰러졌어요.
>谐音 仨拉咪 丝捞浇扫呦
>中文 有人晕倒了。

5. 警局

>韩文 당신의 이름이 뭐예요?
>谐音 唐西耐 一了咪 摸也呦
>中文 您叫什么名字?

>韩文 어느 나라 사람이에요?
>谐音 袄呢 那拉 仨拉咪耶呦
>中文 你是哪国人?

韩文 어디에서 살고 있어요?
谐音 袄地耶臊 仁儿沟 一扫呦
中文 您住在哪里?

韩文 무슨 일이 생겼어요?
谐音 木森 一哩 三哥腰扫呦
中文 发生了什么事?

韩文 발생한 사건을 자세히 말해 주세요.
谐音 趴儿三憨 仁高呢儿 匝腮一 马来 组腮呦
中文 请把发生的事叙述一下。

韩文 제 가방을 도둑 맞았습니다. 찾는 걸 도와 주세요.
谐音 采 咨帮儿 兜督 马砸丝牟你嗒 擦嫩 高儿 兜挖 组腮呦
中文 我的包被偷了,请帮助寻找。

韩文 제 자전거를 도둑 맞았어요.
谐音 采 匝遭恩高了儿 兜督 马匝扫呦
中文 我的自行车被偷了。

韩文 저는 교통사고를 당했어요.
谐音 草嫩 哥呦通仁沟了儿 汤嗨扫呦
中文 我发生了车祸。

韩文 제 재물을 강탈당했어요.
谐音 采 栽牟了儿 刚他儿当嗨扫呦
中文 我被抢劫了。

韩文 당신의 전화번호를 남겨 주세요.
谐音 唐西耐 早奴阿包耨了儿 哪牟 哥腰 组腮呦
中文 留下您的电话。

韩文 무슨 일이 있으면 알려 드릴게요.
谐音 母森井一哩 一丝妙恩 阿儿撩 的哩儿该呦
中文 有事我们会通知你。

6. 语言不通

韩文 이것을 한국에선 뭐라고 부르죠?
谐音 一高色儿 憨孤该骚 摸拉沟 不了就
中文 这个用韩国语怎么说?

韩文 한국어로 어떻게 쓰죠?
谐音 憨孤高漏 袄到开 丝就
中文 用韩国语怎么拼写啊?

韩文 다시 한번 말씀해 주세요.

求助支援篇

181

> **谐音** 塔西 憨奔 马儿丝卖 租腮呦
> **中文** 请你再说一遍。

> **韩文** 난 알아 볼 수 없어요.
> **谐音** 南 阿拉 波儿 苏 袄扫呦
> **中文** 我看不懂。

> **韩文** 당신에게 단어 하나만 물어봐도 될까요?
> **谐音** 唐西耐该 嗒恼 哈那慢 姆捞巴兜 杜埃儿尬呦
> **中文** 想问你个单词,可以吗?

> **韩文** 무슨 얘기를 하는지 모르겠어요.
> **谐音** 牟森 耶哥一 了儿 哈嫩机 牟了该扫呦
> **中文** 我不知道你说什么。

> **韩文** 끼어들지 마세요.
> **谐音** 哥一凹的儿机 马腮呦
> **中文** 不要插手。

> **韩文** 나도요!
> **谐音** 那兜呦
> **中文** 我也是!

> **韩文** 나를 놀리지 마.

>谐音< 哪了儿 耨儿哩机 马
>中文< 我不知道你说什么。

>韩文< 나중에.
>谐音< 那宗耶
>中文< 改天吧。

>韩文< 낙심하지 말아요.
>谐音< 那西妈机 马拉呦
>中文< 别灰心。

>韩文< 난 그렇게 못해요.
>谐音< 南 哥捞开 牟胎呦
>中文< 我办不到。

>韩文< 난 싫증이 났어요.
>谐音< 南 西儿增一 哪扫呦
>中文< 厌烦了。

>韩文< 난 질렸어요.
>谐音< 南 机儿撩扫呦
>中文< 我都腻了。

>韩文< 내가 상상했던 일이야.

谐音 耐旮 桑桑嗨灯 一哩呀
中文 果然不出我所料。

韩文 내가 할게.
谐音 耐旮 哈儿该
中文 让我来。

韩文 너만 의지할 거야.
谐音 恼慢 一机哈儿 高呀
中文 就指望你了。

韩文 너무 촌스러워요.
谐音 恼木 村丝捞窝呦
中文 太土了。

韩文 누가 그랬어요?
谐音 奴旮 哥来扫呦
中文 谁说的?

韩文 당신 바가지를 쓴 거예요.
谐音 汤新 巴旮机了儿 森 高也呦
中文 你上当了。

常用短句篇

1. 极短句

韩文 가야 해!
谐音 卡呀 嗨
中文 该走了！

韩文 감히 어떻게!
谐音 卡咪 凹到开
中文 你敢！

韩文 거짓말 하지 마.
谐音 考金妈儿 哈机 马
中文 别撒谎。

韩文 겁먹지 말아요.
谐音 考猫机 马拉呦
中文 别害怕。

韩文 고생을 사서 해요.
谐音 扣三儿 仁骚 嗨呦
中文 自讨苦吃。

韩文 귀신이 곡할 노릇이에요.
谐音 科迁西妮 沟喀儿 耨了西耶呦

> 中文 别烦我。

> 韩文 그냥 그대로 해봐!
> 谐音 科娘 哥待漏 嗨巴
> 中文 将就一下吧!

> 韩文 그래요?
> 谐音 科来呦
> 中文 是吗?

> 韩文 그렇고 말고요!
> 谐音 科捞抠 马儿沟呦
> 中文 可不是嘛!

> 韩文 그렇군요.
> 谐音 科捞枯妞
> 中文 原来如此。

> 韩文 그만 해!
> 谐音 科妈 耐
> 中文 够了。

> 韩文 기분 짱이네요.
> 谐音 科一奔 脏一耐呦
> 中文 心情不错。

地道韩国语想说就说

- 韩文 까먹었어요.
- 谐音 尬猫高扫呦
- 中文 忘了。

- 韩文 꿈도 꾸지 마요.
- 谐音 姑牟兜 姑机 马呦
- 中文 没门。

- 韩文 당연하지요.
- 谐音 汤腰那机呦
- 中文 当然!

- 韩文 돌려 줘요.
- 谐音 偷儿撩 左呦
- 中文 还给我。

- 韩文 말도 마세요.
- 谐音 马儿兜 马腮呦
- 中文 别提了。

- 韩文 망신 당했어요.
- 谐音 忙新 当嗨扫呦
- 中文 丢面子。

- 韩文 미쳤어!

>谐音 咪敲骚
>中文 疯了!

>韩文 빨리!
>谐音 爸儿哩
>中文 快点儿!

>韩文 상관없어요.
>谐音 桑刮恼扫呦
>中文 无所谓。

>韩文 세상에!
>谐音 腮桑耶
>中文 天啊!

>韩文 시간 없어요.
>谐音 西咎 恼扫呦
>中文 没空儿。

>韩文 시치미 떼지 말아요.
>谐音 西期咪 带机 马拉呦
>中文 别装蒜。

>韩文 쓸데 없는 짓이야!

谐音 丝儿待 凹嫩 机西呀
中文 多此一举！

韩文 아마도!
谐音 阿妈兜
中文 可能是吧！

韩文 어떡하지요?
谐音 袄到咯就
中文 怎么办？

韩文 왜 그래요?
谐音 歪 哥来呦
中文 怎么回事？

韩文 제발!
谐音 才巴儿
中文 求你了！

韩文 쪽 팔려요.
谐音 奏 趴儿撩呦
中文 丢死人了。

韩文 틀림없어요.

> **谐音** 特儿哩猫骚呦
> **中文** 没错。

> **韩文** 잔소리 하지 마.
> **谐音** 餐艘哩 哈机 马
> **中文** 少啰唆。

> **韩文** 잠이 안 와요.
> **谐音** 擦咪 安 挖呦
> **中文** 睡不着。

> **韩文** 정말 부러워요.
> **谐音** 聪妈儿 逋捞窝呦
> **中文** 真羡慕你。

2. 惯用语

> **韩文** 가는 날이 장날.
> **谐音** 卡嫩 那哩 脏那儿
> **中文** 来得早不如来得巧。

> **韩文** 가까운 남이 먼 일가보다 낫다.
> **谐音** 卡卡温 那咪 闷 一儿卡波嗒 那嗒
> **中文** 远亲不如近邻。

韩文 감 놓아라 배 놓아라 한다.

谐音 尕牟 耨阿拉 掰 耨阿拉 憨嗒

中文 多管闲事。

韩文 고무신을 거꾸로 신다.

谐音 沟牟西呢儿 高顾漏 新嗒

中文 移情别恋。

韩文 귀에 못이 박히다.

谐音 哥迂耶 牟西 巴科一嗒

中文 耳朵都长茧子了。

韩文 꿩 먹고 알 먹기

谐音 光 猫沟 阿儿 猫各一

中文 一举两得

韩文 누워서 떡 먹기

谐音 奴窝骚 到 猫哥一

中文 易如反掌

韩文 말에 가시가 있다

谐音 妈来 尕西尕 一嗒

中文 话里有话

韩文 몸 둘 바를 모르다

谐音 某 督儿 吧了儿 某了嗒
中文 如坐针毡

韩文 눈 코 뜰 새 없다
谐音 怒恩 抠 的儿 腮 凹嗒
中文 忙得不可开交

韩文 우물 안의 개구리
谐音 屋牟 拉奈 该姑哩
中文 井底之蛙

韩文 고생 끝에 낙이 와요.
谐音 沟三 哥胎 那哥一 挖呦
中文 苦尽甘来

韩文 그림의 떡
谐音 哥哩卖 到
中文 画饼充饥

1 이것은 무엇입니까?
   一高森 姆凹西牟你尬
   这是什么?

韩文 이것은 무엇입니까?
谐音 一高森 姆凹西牟你尬
中文 这是什么?

韩文 그것은 무엇입니까?
谐音 科高森 姆凹西牟你尬
中文 那是什么?

韩文 저것은 무엇입니까?
谐音 糙高森 姆凹西牟你尬
中文 那是什么?

韩文 이것은 복사기입니까?
谐音 一高森 波仁哥一 一牟你尬
中文 这是复印机吗?

韩文 그것은 나비입니까?
谐音 科高森 哪逼一牟你尬
中文 那是蝴蝶吗?

韩文 저것은 컵입니까?
谐音 糙高森 考逼牟你尬
中文 那是杯子吗?

固定表达篇

注:"그것""저것"虽都为"那个东西",但是"그것"指的是离说话人远,听者近;而"저것"指的是距离说话者和听话者都很远。

2　이것은 **입니다.
一高森 **一牟你嗒
这是……

韩文 이것은 사과입니다.
谐音 一高森 仁瓜一牟你嗒
中文 这是苹果。

韩文 그것은 바나나입니다.
谐音 科高森 巴那那一牟你嗒
中文 那是香蕉。

韩文 저것은 책입니다.
谐音 糙高森 猜哥一牟你嗒
中文 那是书。

3　이것은 **가/이 아닙니다.
一高森 **尬/一 阿妮牟你嗒
这不是……

韩文 이것은 고추가 아닙니다.
谐音 一高森 沟粗尬 阿妮牟你嗒
中文 这不是辣椒。

韩文 그것은 소가 아닙니다.
谐音 科高森 艘旮 阿妮牟你嗒
中文 那不是牛。

韩文 저것은 돼지가 아닙니다.
谐音 糙高森 杜埃机旮 阿妮牟你嗒
中文 那不是猪。

韩文 이것은 노트북이 아닙니다.
谐音 一高森 耨特逋哥一 阿妮牟你嗒
中文 这不是笔记本电脑。

韩文 그것은 꽃이 아닙니다.
谐音 科高森 购期 阿妮牟你嗒
中文 那不是花。

韩文 저것은 뱀이 아닙니다.
谐音 科高森 掰咪 阿妮牟你嗒
中文 那不是蛇。

4　이분은 누구십니까?
　　一逋嫩 奴姑西牟你尬
　　这位是谁?

韩文 이분은 누구입니까?
谐音 一逋嫩 奴姑一牟你尬
中文 这位是谁?

韩文 그분이 누구예요?
谐音 科遄妮 奴姑也呦
中文 那位是谁?

韩文 저분은 누구야?
谐音 糙遄嫩 奴姑呀
中文 他是谁?

韩文 이 사람이 누구입니까?
谐音 一 仨啦咪 奴姑一牟你尬
中文 这个人是谁?

韩文 당신은 누구세요?
谐音 汤西嫩 奴姑腮呦
中文 你是哪位?

韩文 저분은 철수가 아닙니까?
谐音 糙遄嫩 糙儿苏旮 阿妮牟你尬
中文 那位不是哲洙吗?

5 이분은 **입니다.
   一遄嫩 **一牟你嗒
   这位是……

韩文 이분은 제 선생님이십니다.
谐音 一遄嫩 栽 森三妮咪西牟你嗒
中文 这位是我的老师。

> 韩文 저분은 왕단입니다.
> 谐音 糙逋嫩 汪嗒妮牟你嗒
> 中文 那位是王丹。

> 韩文 저 사람이 제 친구입니다.
> 谐音 糙 仁啦咪 栽 亲姑一牟你嗒
> 中文 那个人是我的朋友

6 …어디에 있습니까?
    …凹低哀 一丝牟你尬
    ……在哪儿?

> 韩文 화장실은 어디에 있습니까?
> 谐音 花脏西了恩 凹低哀也 一丝牟你尬
> 中文 卫生间在哪儿?

> 韩文 주한중국대사관은 어디에 있어요?
> 谐音 粗憨宗姑呆仁刮嫩 凹低耶 一扫呦
> 中文 驻韩中国大使馆在哪儿?

> 韩文 당신은 어디에 삽니까?
> 谐音 汤西嫩 凹低耶 仨牟你尬
> 中文 你住在哪儿?

> 韩文 어디서 옵니까?
> 谐音 凹低骚 欧牟你尬
> 中文 你从哪儿来?

固定表达篇

韩文 당신은 어디에 있습니까?

谐音 汤西嫩 凹低哀 一丝牟你尬

中文 你在哪儿?

7 …에 있습니다.
　…哀 一丝牟你嗒
　在……

韩文 화장실은 앞에 있습니다.

谐音 花脏西了恩 阿拍 一丝牟你嗒

中文 卫生间在前面。

韩文 내 노트북은 책상 위에 있습니다.

谐音 耐 耨特通跟 猜桑 迂耶 一丝牟你嗒

中文 我的笔记本电脑在书桌上。

韩文 제가 지금 집에 있습니다.

谐音 猜咔 起哥牟 机掰 一丝牟你嗒

中文 我在家。

8 저는 ***입니다.
　草嫩 *** 一牟你嗒
　我是……

韩文 저는 중국 사람입니다.

谐音 草嫩 宗姑 仁拉咪牟你嗒

中文 我是中国人。

韩文 왕단도 중국 사람입니다.
谐音 汪但斗 宗姑 仁拉咪牟你嗒
中文 王丹也是中国人。

韩文 그분은 미국 사람입니까?
谐音 科逋嫩 咪姑 仁拉咪牟你尬
中文 那位是美国人吗?

韩文 아니오, 그분은 영국 사람입니다.
谐音 阿妮欧 科逋嫩 英姑 仁拉咪牟你嗒
中文 不,他是英国人。

韩文 철수도 한국 사람입니까?
谐音 糙儿苏斗 憨姑 仨啦咪牟你尬
中文 哲洙是韩国人吗?

韩文 저는 변호사입니다.
谐音 草嫩 彪耨仨一牟你嗒
中文 我是律师。

9 오늘은 무슨 요일입니까?
   欧呢了恩 姆森 呦一哩牟你尬
   今天是星期几?

韩文 오늘은 일요일입니다.
谐音 欧呢了恩 一溜一哩牟你嗒
中文 今天是周日。

固定表达篇

韩文 내일은 무슨 요일입니까?
谐音 耐一了恩 姆森 呦一哩牟你尬
中文 明天星期几?

韩文 오늘은 화요일입니까?
谐音 欧呢了恩 花优一哩牟你尬
中文 今天是星期二吗?

10 지금 몇 시입니까?
     期哥牟 妙 西一牟你尬
     现在几点?

韩文 몇 시에 회의가 있습니까?
谐音 妙 西耶 恢一夸 一丝牟你尬
中文 几点开会?

韩文 몇 시에 출근합니까?
谐音 妙 西哀 粗儿哥那牟你尬
中文 几点上班?

11 저는 *시에…
     草嫩 *西哀
     我*点钟做……

韩文 저는 매일 8시에 일어납니다.
谐音 草嫩 卖一儿 腰刀儿西耶 一捞哪牟你嗒
中文 我每天八点起床。

韩文 오후 3시에 약속을 합니다.
谐音 欧呼 腮西耶 呀艘哥儿 哈牟你嗒
中文 下午三点有约会。

韩文 일요일 오전에 빨래를 합니다.
谐音 一溜一儿 欧遭耐 爸儿来了儿 哈牟你嗒
中文 周日早上洗衣服。

韩文 점심 시간에 화장품을 삽니다.
谐音 草牟 西牟 西旮耐 花脏扑牟儿 任牟你嗒
中文 午餐时间买化妆品。

韩文 보통 열두 시에 잡니다.
谐音 剖通 腰儿督 西耶 匝牟你嗒
中文 一般十二点睡觉。

12 저는 ***를/을 줄 압니다.
草嫩 ***了儿/儿 租儿 阿牟你嗒
我会……

韩文 저는 한국어를 할 줄 압니다.
谐音 草嫩 憨姑高了儿 哈儿 租儿 阿牟你嗒
中文 我会韩国语。

韩文 제가 타자를 칠 줄 알아요.
谐音 猜旮 塌匝了儿 期儿 租儿 阿拉呦
中文 我会打字。

韩文 왕단도 배드민터를 칠 줄 알아요.
谐音 汪但斗 掰的民涛了儿 期儿 租儿 阿拉呦
中文 王丹也会打羽毛球。

韩文 제 남자친구는 반찬을 만들 줄 압니다.
谐音 猜 南匝亲姑嫩 班擦呢儿 慢的儿 租儿 阿牟你嗒
中文 我的男朋友会做饭。

13 저는 ***를/을 줄 모릅니다.
 草嫩 ***了儿/儿 租儿 某了牟你嗒
 我不会……

韩文 저는 한국어를 할 줄 모릅니다.
谐音 草嫩 憨姑高了儿 哈儿 租儿 某了牟你嗒
中文 我不会韩国语。

韩文 저는 자전거를 탈 줄 몰라요.
谐音 草嫩 匝遭恩高了儿 他儿 租儿 某儿拉呦
中文 我不会骑自行车。

韩文 선생님도 운전할 줄 모르십니다.
谐音 森三妮牟斗 温遭那儿 租儿 某了西牟你嗒
中文 老师也不会开车。

韩文 당신은 태권도를 할 줄 모릅니까?
谐音 汤西嫩 胎滚斗了儿 哈儿 租儿 某了牟你尬
中文 你不会跆拳道吗?

14 저는 …하고 싶습니다.

草嫩 … 哈沟 西丝牟你嗒

我想……

韩文 저는 영화를 보고 싶습니다.
谐音 草嫩 英花了儿 波购 西丝牟你嗒
中文 我想看电影。

韩文 제가 한국에 가고 싶습니다.
谐音 猜卡 憨姑该 卡沟 西丝牟你嗒
中文 我想去韩国。

韩文 당신을 보고 싶습니다.
谐音 汤西呢儿 波沟 西丝牟你嗒
中文 我很想你。

韩文 어디로 가고 싶습니까?
谐音 凹低漏 卡沟 西丝牟你尬
中文 你想去哪儿?

15 저는 …로 …에 갑니다.

草嫩 … 漏 … 哀 卡牟你嗒

我坐……去。

韩文 저는 비행기로 한국에 갑니다.
谐音 草嫩 逼航哥一漏 憨姑该 卡牟你嗒
中文 我坐飞机去韩国。

韩文 언니가 매일 지하철로 회사에 갑니다.
谐音 恩妮夺 卖一儿 机哈糙儿漏 恢仁耶 夺牟你嗒
中文 姐姐每天坐地铁去公司。

韩文 우리는 버스로 학교에 갑니다.
谐音 乌哩嫩 包丝漏 哈哥优耶 夺牟你嗒
中文 我们坐公交车去学校。

韩文 할머니께서는 택시로 시장에 가십니다.
谐音 哈儿猫妮该骚嫩 胎西漏 西脏耶 夺西牟你嗒
中文 奶奶坐计程车去市场。

16 …부터 …까지 얼마나 걸립니까?
　　…逋掏 …尬机 凹儿妈那 高儿 哩牟你尬
　　从……到……需要多少时间？

韩文 학교부터 집까지 얼마나 걸립니까?
谐音 哈哥优逋涛 机尬机 凹儿妈那 高儿 哩牟你尬
中文 从学校到家需要多长时间？

韩文 여기에서 대학로까지 얼마나 걸립니까?
谐音 腰哥一耶骚 呆航耨尬机 凹儿妈那 高儿 哩牟你尬
中文 从这儿到大学路需要多长时间？

韩文 회사부터 식당까지 얼마나 걸려요?
谐音 恢仁逋涛 西当尬机 凹儿妈那 高儿 撩呦
中文 从公司到餐厅需要多长时间？

韩文 공원부터 지하철 역까지 30분 정도 걸립니다.

谐音 空温逋掏 机哈糙 撩尬机 仨牟西奔 增斗 高儿 哩牟你嗒

中文 从公园到地铁站大概需要30分钟。

17 저는 …다고 생각합니다.
草嫩 …嗒沟 三甴喀牟你嗒
我认为……

韩文 저는 그 옷이 예쁘다고 생각합니다.

谐音 草嫩 科 欧西 也逋嗒沟 三甴喀牟你嗒

中文 我觉得那衣服很漂亮。

韩文 저는 왕단이 잘못했다고 생각합니다.

谐音 草嫩 汪嗒妮 匝儿牟嗨嗒沟 三甴喀牟你嗒

中文 我认识是王丹做错了。

韩文 저는 그 사람이 좋은 분이라고 생각합니다.

谐音 草嫩 科 仨啦咪 邹恩 逋妮啦沟 三甴喀牟你嗒

中文 我觉得他是个好人。

18 …됩니까?
…杜埃牟你尬
……可以吗?

韩文 입어봐도 됩니까?

谐音 一包巴斗 杜埃牟你尬

中文 可以试穿吗?

韩文 이렇게 하면 됩니까?

谐音 一捞开 哈妙恩 杜埃牟你尬

中文 这么做可以吗?

19　**이/가 있습니다.
　　**一/旮 一丝牟你嗒
　　有……

韩文 시간이 있습니다.

谐音 西旮妮 一丝牟你嗒

中文 我有时间。

韩文 저는 사과 하나만 있습니다.

谐音 草嫩 仁刮 哈那慢 一丝牟你嗒

中文 我只有一个苹果。

韩文 볼일이 많이 있습니다.

谐音 波哩哩 马妮 一丝牟你嗒

中文 要做的事情很多。

韩文 사무실에서 두 사람이 있습니다.

谐音 仁牟西来骚 督 仁啦咪 一丝牟你嗒

中文 办公室有两个人。

> **韩文** 선생님은 풍부한 경험이 있습니다.
>
> **谐音** 森三妮闷 烹通憨 哥腰昂喝咪 一丝牟你嗒
>
> **中文** 老师有丰富的经验。

20 **이/가 없습니다.
　　**一/嘎 凹丝牟你嗒
　　没有……

> **韩文** 저는 돈이 없습니다.
>
> **谐音** 草嫩 兜妮 凹丝牟你嗒
>
> **中文** 我没有钱。

> **韩文** 저도 자신이 없습니다.
>
> **谐音** 草斗 匹西妮 凹丝牟你嗒
>
> **中文** 我也没有把握。

> **韩文** 언니가 모르는 일이 없습니다.
>
> **谐音** 恩妮嘎 某了嫩 一哩 凹丝牟你嗒
>
> **中文** 没有姐姐不知道的事情。

> **韩文** 방안에 사람이 없습니다.
>
> **谐音** 旁阿耐 仨啦咪 凹丝牟你嗒
>
> **中文** 房间里没有人。

> **韩文** 저는 그 일에 관심이 없습니다.
>
> **谐音** 草嫩 哥 一来 关西咪 凹丝牟你嗒
>
> **中文** 我对那件事不关心。

固定表达篇

21 벌써…
　包儿膆
　已经……了

韩文 선생님은 벌써 알고 있었습니다.
谐音 森三妮闷 包儿膆 阿儿沟 一骚丝牟你嗒
中文 老师已经知道了。

韩文 그는 벌써 집에 갔습니다.
谐音 科嫩 包儿膆 机掰 卡丝牟你嗒
中文 他已经回家了。

韩文 벌써 시작했습니다.
谐音 包儿膆 西匝开丝牟你嗒
中文 已经开始了。

韩文 벌써 7시 됐습니다.
谐音 包儿膆 一儿够 西 杜埃 丝牟你嗒
中文 已经七点了。

韩文 벌써 비가 왔습니다.
谐音 包儿膆 逼卡 挖丝牟你嗒
中文 已经下雨了。

22 …보여 주세요.
　…波腰 组腮呦
　请把……给我看看。

韩文 이걸 좀 보여 주세요.
谐音 一高儿 奏 波腰 组腮呦
中文 请把这个给我看看。

韩文 메뉴 좀 보여 주세요.
谐音 买妞 奏 波腰 组腮呦
中文 请给我看看菜单。

韩文 다른 것을 보여 주세요.
谐音 他了恩 高色儿 波腰 组腮呦
中文 给我看看别的。

23 …(으)세요.
    …(俄)腮呦
    请……

韩文 어서 오세요.
谐音 凹骚 欧腮呦
中文 请进。

韩文 좀 도와 주세요.
谐音 奏 兜挖 组腮呦
中文 请帮我一下。

韩文 좀 기다리세요.
谐音 奏 哥一嗒哩腮呦
中文 请稍等。

韩文 커피 한 잔 주세요.
谐音 考批 憋 簪 组腮呦
中文 请给我一杯咖啡。

韩文 앉으세요.
谐音 安滋腮呦
中文 请坐。

24　…지 마세요.
　　…机 马腮呦
　　请不要……

韩文 이만 나오지 마세요.
谐音 一慢 哪欧机 马腮呦
中文 不要送了。

韩文 걱정하지 마세요.
谐音 考增哈机 马腮呦
中文 不要担心。

韩文 이렇게 하지 마세요.
谐音 一捞开 哈机 马腮呦
中文 请不要这么做。

韩文 지각하지 마세요.
谐音 期邰喀机 马腮呦
中文 请不要迟到。

25 …(으)려고 합니다.

…（饿）撩沟 哈牟你嗒

我想要……

韩文 한국어를 배우려고 합니다.

谐音 憨姑高了儿 掰乌撩沟 哈牟你嗒

中文 我想学习韩国语。

韩文 저는 도서관에 가려고 합니다.

谐音 草嫩 兜骚刮耐 卡撩沟 哈牟你嗒

中文 我想去图书馆。

韩文 저는 옷을 사려고 합니다.

谐音 草嫩 欧色儿 仨撩沟 哈牟你嗒

中文 我想买衣服。

韩文 음식점에서 아르바이트하려고 합니다.

谐音 俄牟西遭买骚 阿了巴一特哈撩沟 哈牟你嗒

中文 我想在餐厅打工。

26 왜…

歪

为什么……

韩文 왜 이렇게 비싸요?

谐音 歪 一捞开 逼萨呦

中文 为什么这么贵？

固定表达篇

213

韩文 왜 그래요?
谐音 歪 哥来呦
中文 怎么回事?

韩文 왜 아직도 안 오는 거야?
谐音 歪 阿机斗 安 欧嫩 高呀
中文 为什么还没有来?

韩文 왜 이렇게 서둘러요?
谐音 歪 一捞开 骚督儿捞呦
中文 网速为什么这么慢?

27 …얼마입니까?
　　…凹儿妈一牟你尬
　　……多少钱?

韩文 사과 한 개에 얼마입니까?
谐音 仁刮 憨 该耶 凹儿妈一牟你尬
中文 苹果多钱一个?

韩文 택배비는 얼마예요?
谐音 胎掰逼嫩 凹儿妈也呦
中文 快递多钱?

韩文 수수료가 얼마예요?
谐音 苏苏溜嘎 凹儿妈也呦
中文 手续费多少钱?

韩文 영화표 한 장 얼마입니까?
谐音 英花票 憨 脏 凹儿妈一牟你尬
中文 电影票多钱一张?

28 언제…
恩栽
什么时候……

韩文 언제 결혼합니까?
谐音 恩栽 哥腰楼哪牟你尬
中文 什么时候结婚?

韩文 언제 회사에 들어왔어요?
谐音 恩栽 恢仨耶 的捞挖扫呦
中文 什么时候来公司的?

韩文 언제 중국에 돌아갑니까?
谐音 恩栽 宗孤该 兜拉旮牟你尬
中文 什么时候回中国?

韩文 언제 결산을 합니까?
谐音 恩栽 哥腰儿仨呢儿 哈牟你尬
中文 什么时候结账?

韩文 언제 수업을 시작합니까?
谐音 恩栽 苏凹遍儿 西匝喀牟你尬
中文 什么时候开始上课?

29 제가 …잃어 버렸습니다.

猜噶 … 一捞 包撩丝牟你嗒

我把……弄丢了。

韩文 길을 잃었어요.
谐音 科一 了儿 一捞骚呦
中文 迷路了。

韩文 지갑을 잃어 버렸어요.
谐音 期卧逋儿 一捞 包撩扫呦
中文 钱包丢了。

韩文 여권을 잃어 버렸어요.
谐音 腰锅呢儿 一捞 包撩扫呦
中文 护照丢了。

韩文 제가 카드키를 잃어 버렸어요.
谐音 猜嘎 喀的科一 了儿 一捞 包撩扫呦
中文 我把房卡弄丢了。

30 …를/을 삽니다.

… 了儿/儿 仨牟你嗒

买……

韩文 제가 기념품을 삽니다.
谐音 猜嘎 哥一尿扑牟儿 仨牟你嗒
中文 我买纪念品。

韩文 저는 운동화를 삽니다.
谐音 草嫩 温东花了儿 仨牟你嗒
中文 我买运动鞋。

韩文 당신도 과일을 삽니까?
谐音 汤新斗 刮一了儿 仨牟你尬
中文 你也买水果吗?

韩文 저는 비행기표를 샀습니다.
谐音 草嫩 逼航哥一飘了儿 仨丝牟你嗒
中文 我买了飞机票。

31 저는 …를/을 좋아합니다.
    草嫩 … 了儿/儿 邹阿哈牟你嗒
    我喜欢……

韩文 저는 불고기를 좋아합니다.
谐音 草嫩 逋儿沟哥一 了儿 邹阿哈牟你嗒
中文 我喜欢烤肉。

韩文 저는 운동을 좋아합니다.
谐音 草嫩 温东儿 邹阿哈牟你嗒
中文 我喜欢运动。

韩文 저는 검은색을 좋아합니다.
谐音 草嫩 高闷腮哥儿 邹阿哈牟你嗒
中文 我喜欢黑色。

韩文 무슨 음악을 좋아합니까?
谐音 姆森 俄妈哥儿 邹阿哈牟你尬
中文 你喜欢什么音乐?

32 저는 …를/을 좋아하지 않습니다.
草嫩 …了儿/儿 邹阿哈机 安丝牟你嗒
我不喜欢……

韩文 저는 음악을 좋아하지 않습니다.
谐音 草嫩 俄妈哥儿 邹阿哈机 安丝牟你嗒
中文 我不喜欢音乐。

韩文 저는 매운 음식을 좋아하지 않습니다.
谐音 草嫩 买温 俄牟西哥儿 邹阿哈机 安丝牟你嗒
中文 我不喜欢辣的食物。

韩文 철수도 아이스크림을 좋아하지 않습니다.
谐音 糙儿苏斗 阿一丝科哩木儿 邹阿哈机 安丝牟你嗒
中文 哲洙也不喜欢冰激淋。

韩文 이 디자인을 좋아하지 않습니다.
谐音 一 低匝一呢儿 邹阿哈机 安丝牟你嗒
中文 我不喜欢这个款式。

33 죄송하지만…

粗爱松哈机慢

对不起,我……

韩文 죄송하지만 알아듣지 못했습니다.
谐音 粗爱松哈机慢 阿啦的机 牟胎丝牟你嗒
中文 对不起,我听不懂。

韩文 죄송하지만 무슨 얘기를 하는지 모르겠요.
谐音 粗爱松哈机慢 姆森 耶哥一 了儿 哈嫩机 牟了该骚呦
中文 对不起,我不知道你说的是什么。

韩文 죄송하지만 약속을 지키지 못하게 되었어요.
谐音 粗爱松哈机慢 呀艘哥儿 机科一机 牟他该 杜埃凹扫呦
中文 对不起,我没有遵守约定。

韩文 죄송하지만 먼저 일어나겠습니다.
谐音 粗爱松哈机慢 门遭 一捞那该丝牟你嗒
中文 对不起,我先走了。

34 정말…

聪妈儿

真的……

> 韩文 정말 예쁘구나!
> 谐音 聪妈儿 也遍姑那
> 中文 真漂亮啊!

> 韩文 정말 멋있어요.
> 谐音 聪妈儿 卯西扫呦
> 中文 真帅。

> 韩文 정말 화났어요.
> 谐音 聪妈儿 花那扫呦
> 中文 真生气了。

> 韩文 정말 재수없어요.
> 谐音 聪妈儿 栽苏凹扫呦
> 中文 真倒霉。

35 우리 같이 …ㅂ/읍시다.
　　乌哩 旮气 …遍/俄遍西嗒
　　我们一起……吧。

> 韩文 우리 같이 밥을 먹으러 갑시다.
> 谐音 乌哩嫩 旮气 巴遍儿 猫哥捞 旮遍西嗒
> 中文 我们一起去吃饭吧。

> 韩文 우리 같이 등산을 갑시다.
> 谐音 乌哩嫩 旮气 灯仁呢儿 旮遍西嗒
> 中文 我们一起去登山吧。

> **韩文** 우리 같이 제주도에 갑시다.

> **谐音** 乌哩 叴气 栽租兜耶 叴遄西嗒

> **中文** 我们一起去济州岛吧。

> **韩文** 우리 같이 노래 합시다.

> **谐音** 乌哩 叴器 耨来 哈遄西嗒

> **中文** 我们一起唱歌吧。

36 …(으)면 좋겠다.
　　…（饿）妙恩 邹该嗒
　　……该多好。

> **韩文** 이런 일이 없었으면 좋겠습니다.

> **谐音** 一了恩 一哩 凹扫丝妙恩 邹该丝牟你嗒

> **中文** 这种事情再不发生该多好。

> **韩文** 아침을 포함했으면 좋겠습니다.

> **谐音** 阿期牟儿 剖哈买丝妙恩 邹该丝牟你嗒

> **中文** 要是能包含早餐的话就好了。

> **韩文** 저 배우랑 같은 여자와 살아 보았으면 좋겠다.

> **谐音** 草 掰乌朗 叴特恩 腰匝挖 仨啦 波阿丝妙恩 邹该嗒

> **中文** 要是能跟像那位演员一样的女人一起生活该多好。

固定表达篇

> 韩文 라면이라도 있었으면 좋겠습니다.
> 谐音 拉妙妮拉兜 一骚丝妙恩 邹该丝牟你嗒
> 中文 就算有个方便面该多好。

37 하마터면 …ㄹ/을 뻔했습니다.
    哈妈涛妙恩 …了儿/儿 抱耐丝牟你嗒
    差点儿……

> 韩文 하마터면 넘어질 뻔했습니다.
> 谐音 哈妈涛妙恩 奔猫机儿 抱耐丝牟你嗒
> 中文 差点儿摔倒。

> 韩文 하마터면 불합격할 뻔했습니다.
> 谐音 哈妈涛妙恩 逋拉哥腰 喀儿 抱耐丝牟你嗒
> 中文 差点儿不合格。

> 韩文 하마터면 잊어버릴 뻔했습니다.
> 谐音 哈妈涛妙恩 一遭包哩儿 抱耐丝牟你嗒
> 中文 差点儿忘了。

> 韩文 하마터면 따라잡지 못할 뻔했습니다.
> 谐音 哈妈涛妙恩 大拉匝机 牟他儿 抱耐丝牟你嗒
> 中文 差点儿没有追上。

38 저는 …이/가 아픕니다.
    草嫩 …一/旮 阿扑牟你嗒
    我……疼。

韩文 저는 이가 아픕니다.
谐音 草嫩 一旮 阿扑牟你嗒
中文 我牙疼。

韩文 저는 위가 아픕니다.
谐音 草嫩 迂旮 阿扑牟你嗒
中文 我胃疼。

韩文 저는 머리가 아파요.
谐音 草嫩 猫哩旮 阿趴呦
中文 我头疼。

韩文 저는 배가 몹시 아픕니다.
谐音 草嫩 掰旮 牟西 阿扑牟你嗒
中文 我肚子特别疼。

39 아/어/여서 감사합니다.(고맙습니다.)
   阿/凹/腰骚 旮牟仨哈牟你嗒（沟妈丝牟你嗒）
   谢谢您……

韩文 도와 주셔서 감사합니다.
谐音 偷挖 租消骚 旮牟仨哈牟你嗒
中文 谢谢你的帮助。

韩文 초대해 주셔서 고맙습니다.
谐音 凑呆嗨 租消臊 沟妈丝牟你嗒
中文 谢谢你的款待。

韩文 위로해 주셔서 감사합니다.
谐音 迂漏嗨 租消臊 卡牟仁哈牟你嗒
中文 谢谢你的安慰。

韩文 와 주셔서 고맙습니다.
谐音 挖 租消骚 沟妈丝牟你嗒
中文 谢谢你能来。

40 …다고 들었습니다.
…嗒沟 的捞丝牟你嗒
听说……

韩文 그 사람은 벌써 귀국했다고 들었습니다.
谐音 科 仨拉闷 包儿臊 归姑嗨嗒沟 的捞丝牟你嗒
中文 听说他已经回国了。

韩文 그 둘이 이혼했다고 들었어요.
谐音 科 督哩 一齁耐嗒沟 的捞扫呦
中文 听说他们已经离婚了。

韩文 다음주부터 장마가 온다고 들어요.
谐音 他俄牟租逋涛 脏妈卡 欧恩嗒沟 的捞呦
中文 听说下周会下霪雨。

韩文 그 배수가 권상우라고 들었습니다.
谐音 科 辫苏卡 滚桑乌拉沟 的捞丝牟你嗒
中文 听说那个演员叫权相宇。

41 어떤

凹灯

什么样的……?

韩文 어떤 음악을 좋아합니까?
谐音 凹灯 饿妈哥儿 邹阿哈牟你尬
中文 喜欢什么样的音乐?

韩文 어떤 차가 있습니까?
谐音 凹灯 擦旮 一丝牟你尬
中文 都有什么茶?

韩文 어떤 색상으로 드릴까요?
谐音 凹灯 腮桑俄漏 的哩儿尬呦
中文 要什么颜色?

韩文 어떤 기능들이 있어요?
谐音 凹灯 哥一能的哩 一扫呦
中文 都有什么功能?

42 저는 …(으)러 …갑니다./옵니다.

草嫩 …(饿)捞 …旮牟你嗒/欧牟你嗒

我去……干……

韩文 책을 사러 서점에 갑니다.
谐音 猜哥儿 仁捞 骚遭卖 旮牟你嗒
中文 我去书店买书。

韩文 제가 공부하러 도서관에 갑니다.
谐音 采咯 公谁哈捞 兜骚刮耐 咯牟你嗒
中文 我去图书馆学习。

韩文 우리 영화 보러 갑시다.
谐音 乌哩 英花 波捞 咯谁西嗒
中文 我们去看电影吧。

韩文 볼링을 치러 갈까요?
谐音 剖儿拎儿 期捞 咯儿尬呦
中文 去打保龄球怎么样?

43 어느…
凹呢
哪个是……

韩文 어느 것 더 좋을까요?
谐音 凹呢 高 刀 邹儿尬呦
中文 哪个更好?

韩文 어느 나라에서 오셨습니까?
谐音 凹呢 哪拉耶骚 欧消丝牟你尬
中文 您来自哪个国家?

韩文 어느 계절이 가장 좋아합니까?
谐音 凹呢 该遭哩 咯脏 邹阿哈牟你尬
中文 最喜欢哪个季节?

韩文 조미료는 어느 쪽에서 팔아요?
谐音 凑咪溜嫩 凹呢 奏该骚 趴啦呦
中文 调料在哪儿卖?

44 제 직업은 **입니다.
采 机高奔 **一牟你嗒
我的职业是……

韩文 제 직업은 선생님입니다.
谐音 采 机高奔 森三妮咪牟你嗒
中文 我的职业是老师。

韩文 제 직업은 의사입니다.
谐音 采 机高奔 一仁一牟你嗒
中文 我的职业是医生。

韩文 제 직업은 이발사입니다.
谐音 采 机高奔 一巴儿仁一牟你嗒
中文 我的职业是理发师。

韩文 제 직업은 기술자입니다.
谐音 采 机高奔 哥一 苏儿匹一牟你嗒
中文 我的职业是技术员。

45 이것은 제 **입니다.
一高森 栽 **一牟你嗒
这是我的……

固定表达篇

韩文 이것은 제 노트북입니다.
谐音 一高森 栽 耨特遍哥一牟你嗒
中文 这是我的笔记本电脑。

韩文 이것은 제 가방입니다.
谐音 一高森 栽 旮帮一牟你嗒
中文 这是我的包。

韩文 이것은 제 컵입니다.
谐音 一高森 栽 考逼牟你嗒
中文 这是我的杯子。

韩文 이것은 제 사전입니다.
谐音 一高森 栽 仁遭妮牟你嗒
中文 这是我的字典。

46 …해야 합니다.
　　…嗨呀 哈牟你嗒
　　该……

韩文 어떻게 해야 합니까?
谐音 凹到开 嗨呀 哈牟你尬
中文 该怎么做?

韩文 해야 할 일을 했을 뿐입니다.
谐音 嗨呀 哈 哩了儿 嗨色儿 部妮牟你嗒
中文 只是做了该做的事情。

韩文 우리 집에 돌아가야 합니다.

谐音 乌哩 机掰 兜啦卡呀 哈牟你嗒

中文 我们该回家了。

韩文 위험하니까 조심해야 합니다.

谐音 迁蒿妈妮尬 邹西买呀 哈牟你嗒

中文 很危险，小心点儿。

47 …ㄴ/은 적이 있습니까?(없습니다.)

呢/恩 遭哥一 一丝牟你尬（凹丝牟你嗒）

你试过……吗?

韩文 비빔밥을 먹은 적이 있습니까?

谐音 批逼牟巴逋儿 卯跟 遭哥一 一丝牟你尬

中文 你吃过拌饭吗?

韩文 제주도 가 본 적이 있습니다.

谐音 猜租兜 卡 奔 遭哥一 一丝牟你嗒

中文 我去过济州岛。

韩文 한국에서 아르바이트를 한 적이 있어요.

谐音 憨姑该骚 阿了巴一特了儿 憨 遭哥一 一骚呦

中文 我在韩国打过工。

韩文 마스카라는 써 본 적이 없어서요.

谐音 妈丝喀拉嫩 朦 奔 遭哥一 凹骚扫呦

中文 我没有用过睫毛膏。

固定表达篇

48 …ㄹ/을 수 있습니다./없습니다.
…了儿/儿 苏 一丝牟你嗒/凹丝牟你嗒
我可以（能）……/不可以（不能）

韩文 제가 한국어로 말할 수 있습니다.
谐音 猜卡 憨姑高漏 妈啦儿 苏 一丝牟你嗒
中文 我可以用韩国语说话。

韩文 제가 말하는 것을 알아들을 수 있어요?
谐音 采卡 妈拉嫩 高色儿 阿拉的了儿 苏 一扫呦
中文 能听懂我说的话吗？

韩文 도와 주실 수 있어요?
谐音 偷挖 租西儿 苏 一扫呦
中文 能帮我一下吗？

韩文 열쇠가 잠겨서 방에 들어갈 수 없네요.
谐音 腰儿 苏爱卡 匝牟 哥腰膜 帮哀 的捞卡儿 苏 凹耐呦
中文 房门锁着进不去。

49 어떻게…
凹到开
……怎么办？

韩文 이것은 한국어로 어떻게 말해요?
谐音 一高森 憨姑高漏 凹到开 马来呦
中文 这个用韩国语怎么说？

韩文 된장찌개 어떻게 만들어요?
谐音 端脏机该 凹到开 慢的捞呦
中文 怎么做大酱汤?

韩文 지하철 역은 어떻게 가야 합니까?
谐音 起哈槌 撩跟 凹到开 夻呀 哈牟你尬
中文 去地铁站该怎么走?

韩文 어떻게 하면 좋을까요?
谐音 凹到开 哈妙恩 邹儿尬呦
中文 怎么办好呢?

50 …아/어/여 주십니까?
　　 …阿/凹/腰 组西牟你尬
　　 请给我做……

韩文 이 주소로 가 주세요.
谐音 一 租艘漏 夻 组腮呦
中文 请送我去这个地方。

韩文 저의 문안을 전해 주세요.
谐音 草哀 姆哪呢儿 遭耐 组腮呦
中文 请代我问候他们。

韩文 한국 역사에 관하여 이야기해 주십니까?
谐音 憨姑 腰仨耶 关哈腰 一呀哥一嗨 租西牟你尬
中文 能给我说说韩国的历史吗?

固定表达篇

韩文 큰 사이즈로 바꿔 주세요.
谐音 肯 仁一滋漏 巴锅 组腮呦
中文 请给我换个大号的。

51 …에 뭘 했습니까?
　　…哀 牟儿 嗨丝牟你尬
　　……干什么了?

韩文 어제 뭘 했습니까?
谐音 凹栽 牟儿 嗨丝牟你尬
中文 昨天干什么了?

韩文 주말에 빨래를 했어요?
谐音 租妈来 爸儿来了儿 嗨扫呦
中文 周末洗衣服了吗?

韩文 저녁에 텔레비전을 봤습니다.
谐音 草尿该 胎儿来逼遭呢儿 巴丝牟你嗒
中文 晚上看电视了。

韩文 지난주 고향에 돌아갔습니다.
谐音 起南租 沟香耶 兜拉旮丝牟你嗒
中文 上周回家乡了。

52 …고 있습니다.
　　…沟 一丝牟你嗒
　　正在做……

韩文 저는 한국 드라마를 보고 있습니다.
谐音 草嫩 憨姑 的拉妈了儿 波沟 一丝牟你嗒
中文 我在看韩国电视剧。

韩文 철수야, 지금 뭘 하고 있어?
谐音 糙儿苏呀 起哥牟 牟儿 哈沟 一扫呦
中文 哲洙，你在干什么?

韩文 제가 컴퓨터 게임을 하고 있어요.
谐音 采旮 肯泼优涛 该一牟儿 哈沟 一扫呦
中文 我在玩儿电脑游戏。

韩文 이 선생님은 수업을 하고 계십니다.
谐音 一 森三妮闷 苏凹逦儿 哈沟 该西牟你嗒
中文 李老师正在上课。

53 …이/가 필요합니다.
　　…一/旮 批溜哈牟你嗒
　　需要……

韩文 저는 도움이 필요합니다.
谐音 草嫩 兜乌咪 批溜哈牟你嗒
中文 我需要帮助。

韩文 비가 오니 우산이 필요합니다.
谐音 匹旮 欧妮 乌仁妮 批溜哈牟你嗒
中文 下雨了，我需要雨伞。

固定表达篇

韩文 고기는 어떤 것이 필요합니까?
谐音 抠哥―嫩 凹灯 高西 批溜哈牟你尬
中文 需要什么肉?

韩文 유학하려면 무슨 재료가 필요합니까?
谐音 优哈喀撩妙恩 姆森 栽溜卦 批溜哈牟你尬
中文 留学需要什么材料?

54 …까요?
　　…尬呦
　　……好吗?

韩文 같이 술 한 잔 할까요?
谐音 喀气 苏 兰 簪 哈儿尬呦
中文 一起喝一杯好吗?

韩文 무슨 술로 드릴까요?
谐音 姆森 苏儿漏 的哩儿尬呦
中文 要什么酒好呢?

韩文 내일 몇 시에 만날까요?
谐音 耐一儿 喵 西耶 满哪儿尬呦
中文 明天几点见面好呢?

韩文 식당에 가서 밥을 먹을까요?
谐音 西当耶 卡骚 巴迺儿 猫哥儿尬呦
中文 去食堂吃饭怎么样?

地道韩国语想说就说

1. 数字

韩文 하나(한)
谐音 哈那(憨)
中文 1

韩文 둘(두)
谐音 肚儿(肚)
中文 2

韩文 셋
谐音 腮
中文 3

韩文 넷
谐音 耐
中文 4

韩文 다섯
谐音 塔骚
中文 5

韩文 여섯
谐音 咬骚
中文 6

韩文 일곱
谐音 一儿购
中文 7

韩文 여덟
谐音 咬刀儿
中文 8

韩文 아홉
谐音 阿后
中文 9

韩文 열
谐音 咬儿
中文 10

韩文 열한(열하나)
谐音 咬兰(咬拉那)
中文 11

韩文 열두(열둘)
谐音 咬儿肚(咬儿 督儿)
中文 12

韩文 열세(열셋)
谐音 咬儿腮(咬儿腮)

中文 13

韩文 열네(열넷)
谐音 咬儿耐(咬儿奈)
中文 14

韩文 열다섯
谐音 咬儿打腿
中文 15

韩文 열여섯
谐音 咬撩骚
中文 16

韩文 열일곱
谐音 咬哩儿购
中文 17

韩文 열여덟
谐音 咬燎到儿
中文 18

韩文 열아홉
谐音 咬拉后
中文 19

韩文 스물
谐音 思木儿
中文 20

韩文 서른
谐音 骚了恩
中文 30

韩文 마흔
谐音 妈喝恩
中文 40

韩文 쉰
谐音 讯
中文 50

韩文 예순
谐音 也孙
中文 60

韩文 일흔
谐音 一了恩
中文 70

韩文 여든
谐音 咬的恩
中文 80

- **韩文** 아흔
- **谐音** 阿喝恩
- **中文** 90

- **韩文** 백
- **谐音** 百
- **中文** 100

- **韩文** 천
- **谐音** 岑
- **中文** 1,000

- **韩文** 만
- **谐音** 慢
- **中文** 10,000

- **韩文** 십만
- **谐音** 新慢
- **中文** 100,000

- **韩文** 백만
- **谐音** 百慢
- **中文** 1,000,000

- **韩文** 천만
- **谐音** 岑慢
- **中文** 10,000,000

- **韩文** 억
- **谐音** 奥
- **中文** 100,000,000

2. 时间

- **韩文** 월요일
- **谐音** 我溜一儿
- **中文** 星期一

- **韩文** 화요일
- **谐音** 花优一儿
- **中文** 星期二

- **韩文** 수요일
- **谐音** 苏优一儿
- **中文** 星期三

- **韩文** 목요일
- **谐音** 某哥优 一儿
- **中文** 星期四

- **韩文** 금요일
- **谐音** 哥缪一儿
- **中文** 星期五

韩文	토요일	韩文	육일
谐音	偷优一儿	谐音	优哥一儿
中文	星期六	中文	6号

韩文	일요일	韩文	칠일
谐音	一溜一儿	谐音	期哩儿
中文	星期日	中文	7号

韩文	일일	韩文	팔일
谐音	一哩儿	谐音	趴哩儿
中文	1号	中文	8号

韩文	이일	韩文	구일
谐音	一一儿	谐音	孤一儿
中文	2号	中文	9号

韩文	삼일	韩文	십일
谐音	仨咪儿	谐音	西逼儿
中文	3号	中文	10号

韩文	사일	韩文	십일일
谐音	仨一儿	谐音	西逼哩儿
中文	4号	中文	11号

韩文	오일	韩文	십이일
谐音	欧一儿	谐音	西逼一儿
中文	5号	中文	12号

单词必备篇

韩文 십삼일
谐音 西仁咪儿
中文 13号

韩文 십사일
谐音 西仁一儿
中文 14号

韩文 십오일
谐音 西波一儿
中文 15号

韩文 십육일
谐音 西逼优 哥一儿
中文 16号

韩文 십칠일
谐音 西期哩儿
中文 17号

韩文 십팔일
谐音 西趴哩儿
中文 18号

韩文 십구일
谐音 西孤一儿
中文 19号

韩文 이십일
谐音 一西逼儿
中文 20号

韩文 이십일일
谐音 一西逼哩儿
中文 21号

韩文 이십이일
谐音 一西逼一儿
中文 22号

韩文 이십삼일
谐音 一西仁咪儿
中文 23号

韩文 이십사일
谐音 一西仁一儿
中文 24号

韩文 이십오일
谐音 一西波一儿
中文 25号

韩文 이십육일
谐音 一西逼优 哥一儿
中文 26号

韩文 이십칠일
谐音 一西期哩儿
中文 27号

韩文 이십팔일
谐音 一西趴哩儿
中文 28号

韩文 이십구일
谐音 一西孤一儿
中文 29号

韩文 삼십일
谐音 仁西逼儿
中文 30号

韩文 삼십일일
谐音 仁牟西逼哩儿
中文 31号

韩文 일월
谐音 一啰儿
中文 1月

韩文 이월
谐音 一窝儿
中文 2月

韩文 삼월
谐音 仁摸儿
中文 3月

韩文 사월
谐音 仁窝儿
中文 4月

韩文 오월
谐音 欧窝儿
中文 5月

韩文 유월
谐音 优喔儿
中文 6月

韩文 칠월
谐音 期啰儿
中文 7月

韩文 팔월	**韩文** 불고기
谐音 趴啰儿	**谐音** 逋儿沟哥一
中文 8月	**中文** 烤肉

韩文 구월	**韩文** 냉면
谐音 孤窝儿	**谐音** 耐昂面
中文 9月	**中文** 冷面

韩文 시월	**韩文** 비빔밥
谐音 西喔儿	**谐音** 逼逼牟巴
中文 10月	**中文** 拌饭

韩文 십일월	**韩文** 삼계탕
谐音 西逼啰儿	**谐音** 仨牟该汤
中文 11月	**中文** 参鸡汤

韩文 십이월	**韩文** 떡볶이
谐音 西逼窝儿	**谐音** 到波哥一
中文 12月	**中文** 炒年糕

3. 美食

	韩文 된장찌개
	谐音 端脏机该
	中文 大酱汤

韩文 김치	
谐音 哥一牟期	**韩文** 보쌈
中文 泡菜	**谐音** 波萨牟

中文 包肉

韩文 김밥
谐音 哥一牟巴
中文 紫菜包饭

韩文 짜짱면
谐音 匝脏面
中文 炸酱面

韩文 꼼장어
谐音 够牟脏凹
中文 烤鳗鱼

韩文 순대
谐音 孙呆
中文 米肠

韩文 설렁탕
谐音 骚儿棱汤
中文 牛杂碎汤

韩文 순두부찌개
谐音 孙督逋寄该
中文 豆腐脑汤

韩文 김치찌개
谐音 哥伞期寄该
中文 泡菜汤

韩文 소주
谐音 艘租
中文 烧酒

4. 体育

韩文 높이뛰기
谐音 耨批 的迁 哥一
中文 跳高

韩文 멀리뛰기
谐音 猫儿哩的鱼 各一
中文 跳远

韩文 마라톤
谐音 马拉通
中文 马拉松

韩文 다이빙 경기
谐音 塔一冰 哥央 各一
中文 跳水

韩文 체조
谐音 猜邹
中文 体操

韩文 탁구
谐音 他孤
中文 乒乓球

韩文 축구
谐音 粗孤
中文 足球

韩文 농구
谐音 农孤
中文 篮球

韩文 배구
谐音 拍孤
中文 排球

韩文 야구
谐音 呀孤
中文 棒球

韩文 테니스
谐音 胎妮丝
中文 网球

韩文 배드민턴
谐音 拍的民涛恩
中文 羽毛球

韩文 자전거
谐音 匝遭恩高
中文 自行车

韩文 씨름
谐音 细了牟
中文 摔跤

韩文 태권도
谐音 胎滚斗
中文 跆拳道

5. 电器

韩文 라디오
谐音 拉地欧
中文 收音机

韩文 카메라
谐音 喀卖拉
中文 照相机

韩文 디지털 카메라
谐音 地机涛儿 喀卖拉
中文 数码相机

韩文 핸드폰
谐音 憨的喷
中文 手机

韩文 스테레오 전축
谐音 丝胎来欧 遭恩粗
中文 立体声音响

韩文 캥코더
谐音 看牟抠倒
中文 摄像机

韩文 CD 워크맨
谐音 CD 窝科慢
中文 CD随身听

韩文 브이티아르
谐音 逳一踢阿了
中文 录像机

韩文 녹음기
谐音 耨各牟 哥一
中文 录音机

韩文 컴퓨터
谐音 考批优特
中文 电脑

韩文 노트북
谐音 耨特逋
中文 笔记本电脑

韩文 에어컨
谐音 爱凹科恩
中文 空调

韩文 커피기
谐音 考批各一
中文 咖啡机

韩文 토스터
谐音 偷丝涛
中文 烤面包机

韩文 선풍기
谐音 骚烹各一
中文 电风扇

韩文 스팀 다리미
谐音 丝踢牟 嗒哩咪
中文 蒸汽熨斗

韩文 전기 스탠드
谐音 遭恩 各一 丝滩的
中文 台灯

韩文 시계
谐音 西该
中文 挂钟

韩文 텔레비전
谐音 胎儿来逼遭恩
中文 电视

6. 颜色

韩文 흰색
谐音 恢恩腮
中文 白色

韩文 검정색
谐音 高牟增腮
中文 黑色

韩文 회색
谐音 恢腮
中文 灰色

韩文 노랑색
谐音 耨浪腮
中文 黄色

韩文 녹색
谐音 耨腮
中文 绿色

韩文 파랑색
谐音 趴浪腮
中文 蓝色

韩文 빨강색
谐音 巴儿刚腮
中文 红色

韩文 분홍색
谐音 逋农腮
中文 粉红

韩文 보라색

谐音 波拉腮
中文 紫色

韩文 갈색
谐音 卡儿腮
中文 棕色

7. 水果

韩文 바나나
谐音 巴那那
中文 香蕉

韩文 파인애플
谐音 趴一耐扑儿
中文 菠萝

韩文 사과
谐音 仨瓜
中文 苹果

韩文 배
谐音 掰
中文 梨

韩文 감
谐音 卡牟
中文 柿子

韩文 포도
谐音 剖兜
中文 葡萄

韩文 딸기
谐音 嗒儿 各一
中文 草莓

韩文 앵두
谐音 爱胧督
中文 樱桃

韩文 복숭아
谐音 波松阿
中文 桃

韩文 오렌지
谐音 欧来恩机
中文 橙子

韩文 레몬
谐音 来哞恩

单词必备篇

地道韩国语 想说就说

> 中文 柠檬

> 韩文 귤
> 谐音 哥优儿
> 中文 桔子

> 韩文 야자
> 谐音 呀匝
> 中文 椰子

> 韩文 키위
> 谐音 科一鱼
> 中文 猕猴桃

> 韩文 망고
> 谐音 忙沟
> 中文 芒果

> 韩文 수박
> 谐音 苏巴
> 中文 西瓜

> 韩文 살구
> 谐音 撒儿孤
> 中文 杏

8. 化妆品

> 韩文 크림
> 谐音 科哩牟
> 中文 面霜

> 韩文 크린징 로션
> 谐音 科淋京 漏削恩
> 中文 洗面奶

> 韩文 스킨
> 谐音 丝科因
> 中文 化妆水

> 韩文 밀크 로션
> 谐音 咪儿科 漏削恩
> 中文 乳液

> 韩文 아이 크림
> 谐音 阿一 科哩牟
> 中文 眼霜

> 韩文 에센스
> 谐音 耶三丝
> 中文 精华素

韩文 썬크림
谐音 臊恩科哩牟
中文 防晒霜

韩文 마스크 팩
谐音 妈丝科 拍
中文 面膜

中文 콤팩트
谐音 抠牟拍特
中文 粉盒

韩文 블로셔
谐音 扑儿漏削
中文 腮红

韩文 립스틱
谐音 哩丝踢
中文 口红

韩文 향수
谐音 香苏
中文 香水

韩文 매니큐어
谐音 买妮科优凹
中文 指甲油

韩文 바디 크린져
谐音 趴地 科拎浇
中文 沐浴露

9. 称谓

韩文 아버지
谐音 阿包机
中文 爸爸

韩文 어머니
谐音 凹猫妮
中文 妈妈

韩文 누나
谐音 奴呐
中文 姐姐(男叫女)

韩文 언니
谐音 恩妮
中文 姐姐(女叫女)

韩文 형

地道韩国语想说就说

谐音 喝样
中文 哥哥（男叫男）

韩文 오빠
谐音 欧爸
中文 哥哥（女叫男）

韩文 남동생
谐音 南东三
中文 弟弟

韩文 여동생
谐音 腰东三
中文 妹妹

韩文 남편
谐音 南飘恩
中文 丈夫

韩文 아내
谐音 阿奈
中文 妻子

韩文 아들
谐音 阿的儿
中文 儿子

韩文 딸
谐音 大儿
中文 女儿

韩文 할아버지
谐音 哈拉包机
中文 祖父

韩文 할머니
谐音 哈儿猫妮
中文 祖母

韩文 외할아버지
谐音 歪哈拉包机
中文 外祖父

韩文 외할머니
谐音 歪哈儿猫妮
中文 外祖母

韩文 손자
谐音 搜恩匝
中文 孙子

韩文 손녀
谐音 搜恩尿
中文 孙女

韩文 외손자
谐音 歪搜恩匝
中文 外孙子

韩文 외손녀
谐音 歪搜恩尿
中文 外孙女

韩文 큰아버지
谐音 科恩阿包机
中文 伯父

韩文 큰어머니
谐音 科恩凹猫妮
中文 伯母

韩文 작은아버지
谐音 匝根阿包机
中文 叔父

韩文 작은어머니
谐音 匝根凹猫妮
中文 叔母

韩文 고모
谐音 沟牟
中文 姑姑

韩文 고모부
谐音 沟牟逋
中文 姑丈

韩文 이모
谐音 一牟
中文 姨母

韩文 이모부
谐音 一牟逋
中文 姨丈

韩文 외삼촌
谐音 歪仨牟村
中文 舅父

韩文 외숙모
谐音 歪孙牟
中文 舅母

韩文 생질
谐音 三机儿

> 中文 外甥

> 韩文 조카
> 谐音 邹喀
> 中文 侄子

> 韩文 조카딸
> 谐音 邹喀大儿
> 中文 侄女

> 韩文 사촌형제
> 谐音 仁村喝样栽
> 中文 堂兄弟

> 韩文 사촌자매
> 谐音 仁村匝卖
> 中文 堂姐妹

10. 情绪

> 韩文 사랑하다
> 谐音 仁浪哈嗒
> 中文 爱

> 韩文 좋아하다
> 谐音 凑阿哈嗒

> 中文 喜欢

> 韩文 기쁘다
> 谐音 科一逋嗒
> 中文 高兴

> 韩文 흥분하다
> 谐音 亨逋呐嗒
> 中文 兴奋

> 韩文 행복하다
> 谐音 航波喀嗒
> 中文 幸福

> 韩文 기대하다
> 谐音 科一待哈嗒
> 中文 期待

> 韩文 그립다
> 谐音 科哩嗒
> 中文 想念

> 韩文 화내다
> 谐音 花奈嗒
> 中文 生气

韩文 분노하다
谐音 奔樗哈嗒
中文 愤怒

韩文 원망하다
谐音 温忙哈嗒
中文 恨

韩文 밉다/싫다
谐音 咪嗒/西儿它
中文 讨厌

韩文 질투하다
谐音 期儿突哈嗒
中文 嫉妒

韩文 부럽다
谐音 逋捞嗒
中文 羡慕

韩文 긴장하다
谐音 科因脏哈嗒
中文 紧张

韩文 슬프다
谐音 思儿扑嗒
中文 悲伤

韩文 괴롭다
谐音 乖漏嗒
中文 难过

韩文 우울하다
谐音 乌乌拉嗒
中文 忧郁

韩文 고민하다
谐音 沟咪呐嗒
中文 烦恼

韩文 두렵다
谐音 突撩嗒
中文 害怕

韩文 걱정하다
谐音 高增哈嗒
中文 担心

韩文 수줍다
谐音 苏租嗒
中文 害羞

单词必备篇

韩文 대소하다
谐音 待搜哈嗒
中文 大笑

韩文 미소짖다
谐音 咪搜机嗒
中文 微笑

韩文 웃다
谐音 乌嗒
中文 欢笑

11. 衣类

韩文 양복
谐音 央波
中文 西装

韩文 운동복
谐音 温东波
中文 运动服

韩文 잠옷
谐音 匝牟
中文 睡衣

韩文 평상복
谐音 飘昂桑波
中文 休闲服

韩文 정장
谐音 增脏
中文 套装

韩文 아동복
谐音 阿东波
中文 童装

韩文 웨딩드레스
谐音 歪盯的来丝
中文 婚纱

韩文 작업복
谐音 匝高波
中文 工作服

韩文 웃옷
谐音 乌搜
中文 上衣

韩文 셔츠
谐音 削次

中文 衬衫

韩文 티셔츠
谐音 踢削次
中文 T恤

韩文 조끼
谐音 凑各一
中文 背心

韩文 외투
谐音 歪突
中文 外套

韩文 제복
谐音 栽波
中文 制服

韩文 코트
谐音 抠特
中文 风衣

韩文 반팔
谐音 潘趴儿
中文 短袖

韩文 긴팔
谐音 科因 趴儿
中文 长袖

韩文 민소매
谐音 民搜卖
中文 无袖

韩文 바지
谐音 巴机
中文 裤子

韩文 청바지
谐音 增巴机
中文 牛仔裤

韩文 치마
谐音 期妈
中文 裙子

12. 化妆品牌

韩文 미샤
谐音 咪瞎
中文 美思

- **韩文** 보브
- **谐音** 波迪
- **中文** VOV

- **韩文** 아모레도
- **谐音** 阿牟来兜
- **中文** 爱茉莉

- **韩文** 이자녹수
- **谐音** 一匝耨苏
- **中文** 伊诺姿

- **韩文** 더 페이스샵
- **谐音** 刀 拍一丝瞎
- **中文** THE FACE SHOP

- **韩文** 스킨푸드
- **谐音** 丝科因扑的
- **中文** SKIN FOOD

- **韩文** 록시땅
- **谐音** 漏西当
- **中文** 欧舒丹

- **韩文** 라네즈
- **谐音** 拉奈资
- **中文** 兰芝

- **韩文** 마몽드
- **谐音** 妈蒙的
- **中文** 梦妆

- **韩文** 에뛰드
- **谐音** 艾的迂的
- **中文** 爱丽

- **韩文** 라끄베르
- **谐音** 拉哥掰了
- **中文** 蝶妆

- **韩文** 오휘
- **谐音** 欧灰
- **中文** 欧蕙